U0939055

百年詩庫 实力诗人

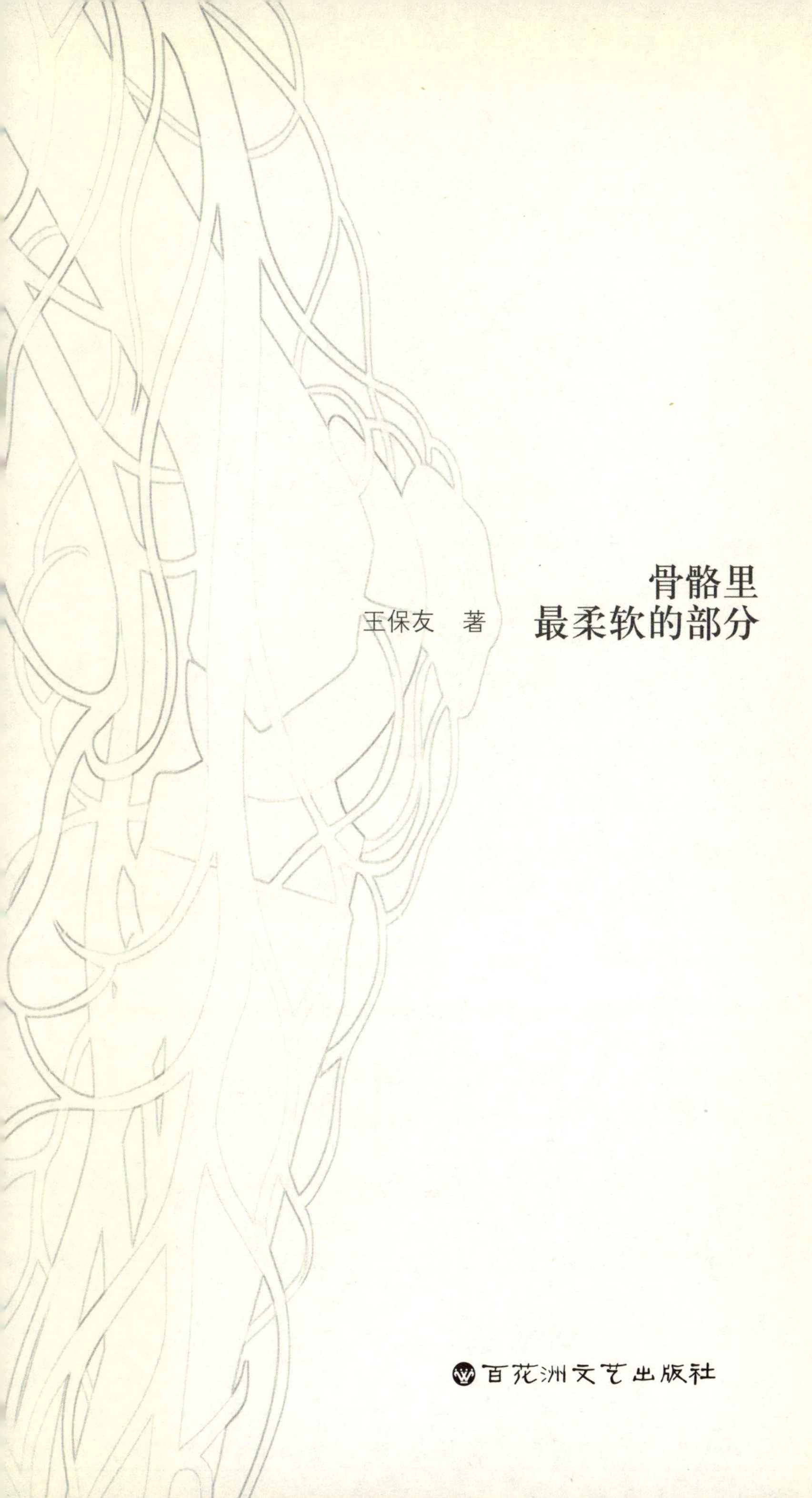

骨骼里
最柔软的部分

王保友　著

百花洲文艺出版社

王保友

1964年5月出生，河南省获嘉县人。省作协会员，市作协副主席，县作协名誉主席。

诗作选入《世界华文诗选荟》《中外诗星》《中国青年诗人500家》《民间诗人一百家》《中国优秀网络诗人》《中国经典诗选》《中国朦胧诗》《2016中国诗歌排行榜》等选本。部分诗作在新加坡、瑞士及香港等地发表、出版和翻译。获世界华文诗奖、民间鲁迅短诗奖银奖、民间鲁迅短诗十佳诗人奖、“诗探索·中国诗歌发现奖”优秀奖。

著有诗集5部，散文集1部，长篇小说1部。

目录

第一辑 内心藏着太多的火种

第二辑 跟世界拉下来很长的距离

第三辑 底层或民间的俗常生命

第五辑 评论

第一辑 内心藏着太多的火种

骨骼里最柔软的部分

在一张泛黄的纸张上，开列一份清单
记录：获嘉县王氏族谱里，零零散散的片段。
铁路史上，年龄最大的支线
同盟山的背影，汉武帝命名的千年古县。

记录：我的家族，走出的迁徙路线
放弃未知的籍贯
定居一座废弃、破败城池的一隅
以小农经济的方式，种植贫瘠的稻米。
祖先们匍匐的身体
印满了覆盖浮土的道路
不知疲倦地行走着
大车的木轮。以磨钝了的铁器
切割稼禾，以及稼禾繁衍的后裔。

记录：父亲、母亲，他们以工人的身份
将一座新居的落成庆典，授予我卑微的乳名
在粗粝的铸造场，用工业砂纸
打磨钢铁、机器，以及工厂
车间，车床旋转的卡盘
铁屑的材质、成分。

记录：我的每一个笔画，每一行文字
都装上透明的羽翼，在工厂的眼神里起飞。
记载的还有我，和我的兄弟姐妹
以及他们的爱人、孩子，房子

他们的脚步，咳嗽，朴素的脸庞
埋在岁月的缝隙里发酵。

记录：我走失的头发，踉踉跄跄的回忆
日渐衰老的路程。
在孩子们长大成人时，叙述我们家庭的片段
追忆父亲的火暴脾气
母亲的油漆手艺。

清单上面，记载的最后一笔内容，属于
孱弱的我作为填充，连同滇中武定的古城
匍匐的骨，骨骼里最柔软的部分。

2014 年 1 月 30 日（除夕）至正月初一凌晨 2 时，写于云南省楚雄州武定县

苦荞一样散发微微的药味芳香

两座山中间的路面，秋千般下垂的弧线
自在舒展，自东向西蔓延
往上走，抵达的就是县政府的围墙以西。
再往上走，就是通向狮子山的道路
——那个皇帝出家的地方了。

武定的狮山大道上，流动着各种色彩的车
流动着彝族女子凤肩霞帔
流动着一只只竹篓
米线，饵丝，以及罗婺的传奇。

将武定作为隐居之地，在滇中
继续缓慢地生长，是好多年前的想法了。
甲午年的正月初一，我依然苦荞一样
散发出微微的药味芳香

2014 年 1 月 31 日（正月初一）9 时，写于云南省楚雄州武定县

星宿的光芒

因为，他其实与我一样
诞生于 1964 的年份，同样属龙
同样属于诗歌的子民。

潘维住在杭州，而我先是中原
然后无锡、常州、长沙、楚雄
间或产生一些似有似无的涟漪。

我用自己的话语，告诉了所有认识的人们。
因为现在，潘维以及他的《水的事情》
正在我的身体内部，滋生星宿的光芒。

2014 年 1 月 30 日（除夕），写于云南省楚雄州武定县

没有任何理由地定居

我更需要一条未名的溪水
流经心脏，就像头顶上直射的光芒
照射我遥望北方的中原腹地。

我更愿意成为那么多的植物
叫不出名字的蔬菜
沿着河的堤岸，葱郁地生长。

我将是河面上的流水
从远方蜿蜒而来，穿过古老的河床
以绵延的流速，抵达梦的中央。

让一朵朵盛开的黄花，成为婚礼上羞涩的嫁娘
每一片水光都能蔓延，都能幻化
葵花一样的舒张，柔水一样质地的脸庞。

如同我从遥远的地方走来
没有任何理由地定居，不需要
谁来陪伴，皈依或殉葬

2014 年 1 月 31 日（正月初一）10 时，写于云南省楚雄州武定县

是谁在敲响我独守的屋门

所有的故事都都是轻的
从中原腹地，抵达滇中彝族发祥故里。
肩上的行囊，没有多少的重量
最有手感的，是几本伴我漂泊已久，卷边的诗集。

罗婺故里，雄狮古城，将我一天天消化着
除了相濡以沫的妻子，以及浸润故土的豫北方言
脚下的路细得多了，家也瘦了。

除夕的鞭炮响起来
中原的年，与猪肉韭菜馅的饺子一起
端上餐桌，那是除夕，另外一种版本。

新春的脚步，愈发清晰地走来
零时的钟声，撞击着心壁
一行柔软的泪水，也是一个宽阔的世界。
哐当一声，谁在敲响我独守的屋门

2014 年 1 月 30 日（除夕），写于云南省楚雄州武定县

在彩云之南厮守细细眼睛的女人

收起飞翔的翅膀，落下来就属于了滇池的俘虏
融入彝族少女欢跳左脚舞的队伍
那些藏了许多年的欲望
被我重新翻检出来一一地晾晒
连绵的苍山，随处可见的几丛灌木和雨水
足可将我没有痕迹地掩埋
飞了那么漫长的行程，隐遁只是借口
让许多相识的人，找不到我的影踪
已经很戏剧化了，我将再一次置身石林的心脏
关紧身后一道道门扉
厮守着，我爱着的细细眼睛的女人
让她一次次地受孕
我受雇于洱海，情歌将她每一寸肌肤洗濯

2014 年 2 月 21 日夜，零时，写于云南省楚雄州武定县

早就厌倦了候鸟的迁徙

我想守着青山绿水 四季如春的滇中县城
伴着狮子山上 古寺庙的晨钟暮鼓慢慢变老

多想在狮子山的牡丹园里 俘获一个前世的仙子
研墨吟哦 共同完成一部《武定诗志》

多想伴着芦笙跳起左脚舞 结一场凤冠霞帔的婚礼
卧眠于彝族兄弟酿造的小锅酒酒香里 一醉不起

早就厌倦了候鸟的迁徙
但我再一次遭遇到这样的境遇

2014 年 4 月 1 日，于云南省武定

只是一个孤寂的过客

我平静地收拾行囊，离开云岭之南
离开滇中楚雄。命中，我只是一个过客
偶然的时间里，造访了
东方三十七蛮部之一的彝族
罗婺部落。雄狮依然蹲伏，俯瞰
山下的楚雄州武定县城。

而我决计，重演明惠帝
朱允炆，八千里芒鞋徒步的一幕幕
场景。但我不会像他那样，在狮子山
手植牡丹、兰花
在正续禅寺的烟火里，为僧

行走。在我梦境中的
西双版纳，曼阁佛寺，原始森林，吉诺山，野象谷
打洛江边。小锅酒，以及
彝族兄弟的杀猪饭，还有天空中的那些白云
都会留取我身上随便的一些细胞

作为永久的纪念。虽然还有些
恋恋不舍，但我还是决定
让老天哭得一塌糊涂，一路跟在我的身后
跟着我沿着澜沧江的走向
继续着精神和肉体的漂流

2014 年 4 月 16 日，于武定

丰满的叶子花

不经意中，丰满的叶子花
簇拥起彩云之南曼妙的春天
从树叶开始，渐次演变
从碧绿的树叶蜕变为
红色叶子组成的花朵
——有人叫作三角梅

树叶从绿色变成了红色
也就罢了
三瓣红色的树叶花，围起的闺房里
偏偏又要生出三枝
嫩嫩的黄花
——小指甲盖大小的形状

这就热闹多了
——云南滇中的所有城池和乡村
陶醉了的四月的春天

2014 年 4 月 17 日，于武定

睡在普洱的第二个夜晚

此刻已是子夜
我的居室朝向大街的窗户外面
还是夜市的人声
不断滚过的车辆行驶的声音
高高的棕榈树垂下来并不葱绿的叶子
同样不能进入我的梦境
读了雷平阳的《出云南记》
朱零的《回云南记》
以及《云南 背包客的天空》
依然还是失眠
我用一支笔 记录眠在普洱的第二个夜晚
120 急救中心的灯光 突然亮了
像是天上的星星眨了一下眼睛

2014 年 4 月 26 日，于云南省普洱市

界碑那边的克钦邦

打仗，打仗，打仗。一场场
蔓延数十年的明火执仗。
说汉话，写汉字，把界碑的北方
当成祖国的那群人，不愿意种植仇恨
陷入的却是持久的厮杀。

2014 年 4 月 30 日，于云南省武定

抗浪鱼

玉溪抚仙湖里 20 多种鱼类
（例如青鱼、鲤鱼、鲇鱼）
都是你的姐妹兄弟。唯有你最独特
个头不大（五六寸长）
就是一个永远长不大的小公主
一个苗条美丽的少女。
除了你们家乡抚仙湖之外
全世界任何的海洋湖泊里，都没有你们居住和定居
你们被康熙帝赐名鱇浪白鱼。
风浪起时，必定成群结队，迎风浪荡。
鱼种来自天宫瑶池，只适应抚仙湖的水质。

小精灵活蹦乱跳，被放进铜锅的冷水
以三块石头做灶，再把铜锅架在石头上
舀清冷的海水或泉水入锅。
将活蹦乱跳的抗浪鱼，放入锅内
加上适量的，食盐，葱，姜，盖上锅盖。
直至你们的眼睛，变成白色凸出
就成了香气四溢的铜锅鱼。
再配上一碗用糊辣子，老酱，薄荷，葱，姜等
佐料炒香的蘸水，让食客们吃到撑了还想吃。

我躲在角落，捡拾残存的鱼骨，为你们收尸。

2014 年 5 月，于云南省玉溪市

烟草红塔山

如果幸运，不是天天发生的偶遇
就不会成为许多人，嘴里讲述的故事

如果塔的颜色，还是白的
让人连缀起死亡的空寂

温润如玉的玉溪
何以凭借烟草的气息和形状，造就近百年的传奇

2014 年 5 月 23 日，于云南省玉溪市

水烟筒

只是世界上，最粗最长最大的烟具，却往往被云滇之外的人们，视作威力巨大的炮器。抱在怀里，嘴巴和半个脸，都埋进去，抽的是玉溪的烟丝，延续的却是世代传承的动作和习俗。有清澈溪水过滤，敢把漂浮的白云也抽进脏肺。

2014 年 7 月 16 日，于云南省玉溪市

在玉溪看云

站在玉溪城区，随便的一个时间，随便的一处高地
仰望天空。看白色云絮，在蓝色的天空上
缓慢舞动腰肢。看她们，静止在一幅幅恬静的画面上
以云贵高原的海拔、高度，传递澄澈的眸光。
融化一脉山脊，一树绿叶，一缕光的手语。

2014 年 7 月 26 日，于云南省玉溪市

百年以后

你没有墓碑
没有留下姓氏和任何能叫得应的名字
没有留下关于你的故事和传说

你在幽暗的地下睡着了
睡了多少年都没有挪动过地方
没有谁为你祈祷和烧纸
透过土层 你看外面的世界，已经不懂

如果墓穴里，没有任何值钱的陪葬品
甚至，连盗墓贼和洛阳铲
也不会来看你一眼

但我相信，注定该有的磷光
一定会钻出土壤，以某种飞翔的状态
把属于你的暗夜，悄悄地点亮

2014 年 9 月 8 日，于云南省玉溪市

以火光的忧伤

泪水溢出我的眼眶，是因为
第一次置身彩云之南的天空
俯瞰脚下一片红色的土壤

起伏的山岭以及明净的湖泊
锦缎一样，亘古绵远的山脉
使我目不暇接地搜索和张望

原始森林的神秘马帮
驮来的铃声，留在了
他们所走过的每一条道路

八月的云南，云南的茶马古道
分明是在用普洱的茶香
为我的来生，准备了一块盛大而奢华的坟场

所有爱过的人儿，必将
以火光的忧伤，照亮我的每一处遗址
以及所居住过的任何一个地方

2014 年 9 月 18 日，于云南省玉溪市

内心藏着太多的火种

我的内心藏着太多的火种，我的血液
被烈焰烧得沸腾。温度似水银一样
迅疾地，沿着毫米汞柱上升。

我的心里，装着数以千计的太阳
它们，在我的腹腔里，排列着，闪烁着
告诉你们，一些不为人知的事情。

我早已将许多卷经文，遗弃
在走过的路上。
带着肉体，回到遥远天庭。

一切，都是冰冷的。在冰冷中
我领受和倾听，每株树
生长的声音，树叶从绿渐黄的过程。

没有谁，可以将我带离这个世界。
因为，我与腹腔里的火种一样
不会轻易地熄灭。

2014 年 9 月 21 日，于云南省玉溪市

我知道神的手不可违背

我知道神的手，不可违背和改变
因此，在众多的隐喻里，我必须逃遁
在唯一的路径上。

奔突，喘息，咳嗽，匍匐，疲惫地行走
我知道，前面的路也许很黑
而且没有里程碑，为我导引
没有一座驿站，愿意将我收留。

这个世界，我能够改变的，只是自己的
光谱或波长，哪怕身上只留下
最后一根白色的蜡烛。

愈来愈远的场景，记录下拉长的单薄身影
愈发变得模糊了。
而我，必须找寻一条最为适合的道路
哪怕，尽头是悬崖，峡谷
也要一路走到黑暗的尽头。

一概不予承认，神的手，能够撕裂天空
垂下来的幕布，一概否认，尘埃和慢下来的步履
淹没于奔涌的河流

2014 年 9 月 21 日，于云南省玉溪市

致云岭

挣脱索绳和囚禁，逃出藩篱。
一脚深，一脚浅，一路咳血
踉踉跄跄，落魄于云岭深处。

感谢有你，遣出气势磅礴的哀牢山
以及壮美的哈尼族元阳梯田
将我接纳。授予我，云岭的孩子
红土的子民——如此蔚然、亲昵的身份。

你甚至愿意，馈赠给我连绵的丘陵
连同白云升腾的村庄，木楼错落的乡镇
甚至没有栅栏的县份。让我能够
在蓝天下游牧，白云里飘荡。如此惬意

那么多的——芭蕉花、枸杞尖、核桃花
金雀花、蕨菜、棠梨花、花椒叶、秋葵
草芽、车前草、苦刺花，也有你的眷顾
牵起我的双臂，野性地绵延
整个的红河南岸。秉承你的旨意

在吃过建水的汽锅鸡之后
仍然有蒙自的过桥米线，挑起味蕾。
红河的梯田鱼、昆虫宴，连起彝家灯火
就一同进入，敢在石头里点灯的时辰。

有白云为伍，有溪水做伴
不再黯然，神伤。不再颠沛，流离。
从此，远离所有的忧伤，暗夜的惊悸。
在红河的臂弯里，搭起一座安家的茅屋。

我与雅淡的，绕舌尖的草芽，拜过天地。
升起自在缭绕的炊烟
“在哀牢山中放牧，生养一群孩子”

2014 年 9 月 21 日，写于云南玉溪

云贵高原的中秋

这是，我在云贵高原
俘获的第一个中秋
我暂时获得的圆月
挂在一座座有些模模糊糊的山头之上

一个颤巍巍的声音
沿着脚下的河流传来
——儿啊，听说你去了云南一个什么地方

那么遥远，看不到家，看不到咱们家族的墓场
莫要分心，莫要丢魂，莫要思乡

2014 年 9 月中秋次日，于云南省玉溪市

墓志铭或纪念碑

所有的故事都是历史
所有的历史都是曾经发过的故事
所有的片段组合起来就是一段的历程和史诗
有天空，苦涩，流泪，心酸的记忆
也有甜蜜，幸福，苦荞一样的滋味
这些的所有场景都以墓碑的矗立
告诉墓主和他的后裔
告诉帝王以及他的子民
都将成为一抔黄土
骨殖和肉体最终腐朽为泥
索性不要什么墓志铭或者纪念碑
只需要选择一块自己看得上的田野
坐下来终止呼吸
管他身后将是闪电雷鸣
还是和风细雨撒骨成尘

2014 年 9 月 23 日，于云南省玉溪市

一棵孤单的树

一棵孤单的树也是有根须的
也不会拒绝阳光，水分和扎根的土地
它的叶子也是绿色的
并不比谁缺少一天天生长的日子

一棵孤单的树也是要结果的
也能成为一个幸福的母亲繁衍自己的子孙
也要向天空喊出自己的声音
也要把身体上脱落的叶子
赠予脚下的土地

不觉得身份有什么卑微
更不会觉得岁月忽略了自己

2014 年 9 月 23 日，写于云南省玉溪市

你的天空掠过我的飞鸟

你的天空掠过我的飞鸟
擦亮天空的是我的洁白羽毛

你在祈祷中为我打开地狱的大门
我以尖锐的翅膀为天堂疗伤

你总是在期待我以死亡的名义敲响丧钟
我穿起夜色的衣裳将死神的面庞平静地打量

2014 年 9 月 23 日，写于云南省玉溪市

玉溪的天空

始终流向远方的溪水，以水命名的城市。
——玉溪的天空，就是白云的家
就是淡蓝的幕布上，描绘的最美图画。
肺叶舒畅地呼吸，清新的空气，透过鼻翼
钻进腹腔，洗涤我们的心脏，直至空空荡荡。

2014 年 9 月 23 日，写于云南省玉溪市

钢铁的怒吼被铿锵地唱响

是的，聂耳故居，略显陈旧的建筑。
是的，聂耳溺水时，仅仅 23 岁。
我却分明听到，他的抚琴，演奏，作曲。
他的那首义勇军进行曲，激越，昂扬，铿锵
传递着钢铁的声音，金属的质地
数以亿计的人们——嘹亮唱响的旋律
让所有的灵魂铭记：战争的魔爪
将时刻践踏你的家园，土地，躯体。

2014 年 9 月，写于云南省玉溪市

秋叶：用飞翔演绎

那么多的兄弟，都逃离枝头，
在用飞翔演绎最后的死亡

那么多的朝夕相处的姐妹，都毫无例外地
臣服于自然的规律和旨意

与腐烂一起扭动腰肢，进入调情的前戏

只有你。还在与冬季抗衡、对峙
始终不肯就范的，肉身薄薄
挂在寒冷的高处

喊出高亢的声音
——横竖都是死亡

哪怕，多上几秒钟的固执．坚持

2014 年 11 月 13 日，写于云南省玉溪市

缅甸与祖国接壤的边境

这一天，我们搬家了。
从水草肥美的西双版纳，搬到荒无人烟的大甸。

——隐在缅甸佛塔的背影里
濯洗流向祖国的大水，妻子的嘴开始唠叨。
我的头上，疯长思念家乡的青草。

在几近原始的丛林里，我做着手中粗糙的活计。
与边境线接壤的地方，妻子想着女人的心事。

但凡忆起少时攀缘的太行，我就打摆，染上疟疾。
只要梦中看到九曲黄河，妻子就会不言不语。

2014 年 11 月 28 日，写于缅甸

滇池上空的红嘴鸥

滇池上空，惊起的红嘴鸥
——风行的精灵。

它们，盘旋着，滑动没有声息的空气。
它们，自西伯利亚来昆明过冬，选择了
离人群很远的地方收翅。

降落在滇池。它们，不想听歌，不想跳舞
不想讲，曾经的传说，长途飞翔中的遭遇。
它们，最辛苦的劳动，就是
梳理羽毛，找食，寻觅交配的伙伴。
也拍动翅膀，呼唤同类
也练习，我们听不明白的鸟语。

它们，突然拍响了翅膀
像射向天空的箭弩，布满了滇池的天空。
它们迅疾，也惊恐，预感到灾难
骤然降临，甚至来不及收拢
采集而来的米粒，禾籽，草种和
我诗中的某个句子。

2014 年 11 月 29 日，于山东青岛

云岭深处幽静山坡上的紫花地丁

身披芦苇滩里种植百年的荷叶
头顶荷塘里经年不曾衰败的芦花

一路暮鼓晨钟　一路嗓音嘶哑
一路跌跌倒倒　一路赤脚南下

云岭深处幽静的山坡上面寻觅你的芳踪
唤醒你的芳名——紫花地丁

在你的花影里借着月色数着你的花瓣
幻化为一只不肯停歇的蜜蜂

掬来彩云之南抚仙湖畔的晨露
浇灌你纤弱的细茎

调遣闪动春天的光芒
你与崖畔的葵花一道于满目羞怯中频频受孕

2014 年 12 月 3 日，于山东青岛

被满架奢华的紫藤俘虏

我被你满架奢华
青紫色的蝶形花冠俘虏
你用柔软的腰身
与我对话

我被你瀑布飞泻而下
高贵的姿容囚禁
你用满架的清雅
与我对话

我隐藏于你串串花序
悬挂于绿叶藤蔓之间
你用瘦长的荚果迎风摇曳
与我对话

虔诚地跪拜在你的裙下
王子一样亲吻你的额面
把你居住的圣洁宫殿
连同所有的嫁妆尽数置下

2009年，写于江苏省江阴市
2014年12月3日，改于云南省玉溪市

走在没有尽头的柿子林里

我听到了你们，熟透后跌落
在地，头颅或身体破碎的声音。
我被你们，红红的柿子酱，涂抹和淹没。

我，走在没有尽头的柿子林里，
耳中灌满了冬季的寒意。
为什么，要戚戚地哭？为什么，要放纵
止不住的泪水？我不愿，给出他人想要的结论。

但我允许，许多嘴巴发出惊诧的疑问。
隐遁边疆，已经进入第九个年头。
目睹柿子树上的柿果，自高处坠落
同样也是我的曾经，我的轨迹和结局。

但我，从来没有觉得死亡有多么残酷
从来没有觉得星寒，天冷。更加不会相信
暗夜会将苍穹彻底地吞没。

2014 年 11 月 29 日，写于山东青岛

起身，不告诉任何的人

不告诉任何的人。我从一段悬崖的边上
沿着陡峭的石壁滑下，藏匿于你们的视线之外。
让你们一觉醒来，四处打探我的莫测行踪
难以确认的或真或假的消息。

我，究竟去了哪里？我不想告诉你们
最有价值的信息。我在某个
“择日不如撞日的日子”，选择悄然起身
消失在某个没有征兆和记录的黄昏。

我当然知道。此后，你们惊愕，你们焦急
完全就是一副匪夷所思的样子。但是你们
更会很快地放弃，这一场没有结果的找寻。
我知道，少了我，你们不会缺少什么。

但我更愿意，隔空传音，听你们读一段
描述我生平的悼词，咀嚼难辨真伪的汉字。
我还愿意配合你们，播放哀乐
看你们如何挤出少许不含盐分的眼泪。

我将在某个遥远的日子，某个未约的时刻
悄然地降临。突然出现在你们的身后。
让你们，在惊愕中睁大眼睛
怀疑眼前的场景和事实。

让你们惊诧，暗淡，失神。

用你们掉了魂魄的双眼，盯紧我，发愣。
我要告诉你们。必须将原本属于我的那些
统统归还。包括真实的，虚幻的，精神的，物质的

所有打上有我的标记的那些。
还有那些与过往有着密切关系的曾经，往昔。

2014 年 11 月 29 日，于山东青岛

疼痛伴随我的骨骼一寸寸地生长

想象母亲生我时疼痛和临盆的喊叫，该是怎样
回忆父亲去世时，疼痛将我撞成重伤

疼痛尖锐地刺进身体刺疼每一条神经
疼痛在心脏里张牙舞爪，让午眠嚎叫，哭爹喊娘

一脚踩在地狱的门槛，一脚依旧留在天堂

疼痛。用鬼魅的双眼窥视我们做下的事情
猛然回头，发现的不仅仅只有中原泛黄的面庞

红尘窄小，佛门宽敞
疼痛使我明白，有知觉才是美好

因此，我愿意疼痛伴随我的骨骼一寸寸地生长

2014年11月30日，于山东青岛

没有谁，能够像葵花这样饱满和丰盈

葵花，千百次出现在梦里。
每一次的梦游，都恰恰能够逢上你的花期。
金黄的色彩，金黄的绰约，一株，一株，
一丛，一丛，一片，一片，点燃广袤的原野。

没有谁，能够像你，这样饱满和丰盈。
没有谁，像你这样，谦逊地垂下颅颈。

我却看到，无数把收割的镰刀和锄头
正蜂拥着，呐喊着，向你奔来。

2014 年 12 月 2 日，写于山东青岛

不管山谷里的风有没有温度

不管山谷里的风有没有温度，不管河谷里
有没有涨水。不管狰狞的岩石
是否阻挠渐行渐近的脚步。

在陡峭的悬崖面前，向绝壁学习
攀登。斩断荆棘，砍出一条弯路，给出自己
一个正确的答案或证明书。再多的艰难
都不可以浇灭，心头燃烧的火焰。
再苦的行旅，终将抵达终点。我并不畏惧
寒夜里的独行，不乞求谁，提供密码，帮助我的破译。

既然，找不到拒绝的借口，或者逃避的理由。
索性，挥动阻挡的手臂，进行顽固的防御
让风不敢偷袭，让狰狞的魔鬼，魂不附体。

2014 年 12 月 13 日，于山东青岛，南京大屠杀祭日

灯盏超过了雨水和石头的重量

很多年前的灯盏，再一次出现，把现在的房间
照得灯火辉煌。他们，身穿朴素的服饰
它们，发出照亮心尖的光芒。
它们，在桌面上跳跃，逼退黑暗和
黑暗里躲藏的恐惧以及悲怆。

灯盏的光芒，烛照着遥远的回忆
和圣殿里的神胎泥像——圣洁的面庞
它们，在亡灵回家探望的时辰，引导
远去的灵魂，亦步亦趋地返乡。

它们，超过了雨水，超过了石头的重量。
它们，照亮神龛里，先人的画像。
它们，脸上也挂着幸福的泪滴和
咸涩的泪水，把清明和谷雨陷进一片汪洋。

2014 年 12 月 14 日，于山东青岛

把那么多年的生活过滤

已经青岛了，却还抽着云南的玉溪香烟
把那么多的河南，江苏，湖南
这些年生活过的地方
在眼前过滤一遍
于大河、长江的南方，继续午睡前的联系
两只脚放在东海，海面的波浪之上
身体和头部搁置在金沙滩
枕着青岛南部的黄岛
打盹或者午眠

2014 年 12 月 14 日，于山东省青岛市黄岛

澜沧江

澜沧江的江水，从我的头颅出发，流经脖颈。
再沿着胸前——对称的肋骨，一路浩浩荡荡
奔向柔软的腹部，冲向两条下肢的下游。

澜沧江的江水，穿越唐古拉山脉岗果日峰的扎曲
自我的目光尽头，成为奔流不息的源头。
而且，召集起来许多溪水的支流。

因此。我必须穿上稼禾——金黄的外套
湿润地，匍匐在卡瓦格博神山（梅里雪山）脚下
融合高山冰雪的融水，补给这条水量充沛的河流。

2015 年 5 月 2 日，写于山东青岛

这一方佛国的天空

这一方佛国的天空，一定会为我
预留出一席深邃的安魂之地。
数不清的佛教寺院，会为我披上金缕玉衣。

此刻，我被推举到雪峰之巅
俯瞰脚下酥松的土地。风的大手
为我拭去眼角黏稠的泪滴。

所有的一切，注定要用隐遁，给出一个归宿的诠释。
缅甸，佛国，佛塔，包括被佛洗礼的人们
我再也不敢直视。

我怕，眼睛会从此失明。我怕
耳朵会被掏空。我怕，嘴巴不再张开。
我怕，喉咙不再发声。

2015 年 5 月 14 日，写于山东青岛

彝人左脚舞

左脚舞是彝族具有千年历史的传统舞蹈，早在清康熙四十一年（1702 年）就有左脚舞最早的文字记载。左脚舞是目前云南彝族人聚集区流行最广、影响最深的彝族舞种，传承千年经久不衰，被誉为彝族文化的活化石。

他们手拉手围着一堆篝火在黄昏里跳舞
他们在连绵不断的笙歌里
用左脚踏响同一支欢快的旋律

2015 年 10 月 8 日，写于安徽省阜阳市

云南武定县某苗寨的某基督教堂

春天里的教堂，守着一堵叶子花的矮墙。
不说话，也不把十字架随意地搬移
到任何一个需要挪脚的地方。
那一刻，我看到太阳，照在苗寨的每个角落
以及高矮不一的屋顶之上。
不规则的街巷里，散步着壮鸡，白鹅，牛
以及天空里飞行的昆虫。
许多的人走进来，坐在一排连椅上面
诵诗，念经，祷告
耶稣悬挂在十字架上。
死亡在任何一个地方都会发生
而这些红土地上耕作的农民
还保持着一种习惯。在午后和晚饭过后
来到基督呼吸的地方洗礼
忏悔过往做下的有违道德的事情。
我不想一一地记录他们的行为
或者面孔。是因为，我与他们一样
不能改变这个世界的规则
两手空空而来，再两手空空地离开。

2015 年 10 月，改于安徽省阜阳市，草记于雷平阳诗集《出云南记》空白页

我更愿意守着一座古旧的城堡

我更愿意厮守一座古旧的城堡
自己哭，自己笑，自己唱歌，自己嬉闹。
把歌儿唱给爱人。麻雀一样
自由地，在空旷的场地蹦跳。不去想
明天的农场，麦粒，谷穗，还散落多少?

我更愿意将破败的阁楼，改造得宽敞，亮堂
不关门，不闭窗，不拒绝清风，细雨，淡雾的来访。
采撷几束山涧下的山花
戴在爱人，春光明媚的发髻。
清溪，流水，映衬孩子们，稚嫩的面庞

我愿意用山谷里采伐的木料
在陡峭的悬崖下，搭建一架攀缘的天梯
把古城堡的隐居，作为亘古的秘密。
自己种菜，自己棰米，自己犁地，自己生炊
“山顶上候雪，门槛上听雨”。

2016年2月3日（腊月二十五），写于河南省获嘉县王氏砥学府

基诺山的树

再一次重温，走进基诺山的场景。

在那么多的树下，和树下的干草上面
端详基诺山，走神儿的样子。

叫不上名字的草本植物，站在我的周围
贴近耳朵说：参天大树，也是从几片绿叶和细茎开始。

因为，兄弟们长得太多太密
它们，只好拼命地蹿高个头，企望离太阳和雨水更近。

它们，也常常脱落枝叶，让身体更好地发育。
它们，也被雷电刀斧摧毁过，也在风中拍手，深夜里唱歌。

2016 年 3 月 15 日，于安徽阜阳

走山

一路颠簸，一路寻访滇中，到了已衣大裂谷
脚下的彝族山寨。才明白，滇中的河流
是从许多的山谷中爬过去的。道路是从许多山的
脊背上，绕着山腰爬过去的。贝老爹的家
（他是一个彝族老人，一个虔诚的基督徒）
把只在教堂里做的礼拜，诵经，唱诗
搬到了他们石头垒砌的家，空旷的庭院。
我们，放下听诊器，整理白大褂的衣领。
跟在他身后，诵经，在每句经文结束后
舌头发硬地，道上一声：阿门。

2016 年 3 月 15 日，于安徽阜阳

爱情天梯

他踩着天梯，向上，向上，走去
走向云端高处，走向自己最爱的女人。

我们沿着天梯向上，向上，走去
追随前面沧桑的老人，去看望他和他逃婚的情侣。

那么高的悬崖，那么高的岩壁，都被他们
夫妻两人，走出了一条崎岖、蜿蜒的小道。

他们自己开垦，播种，养殖，收获甜蜜的爱情果子。
他们踩着天梯，向上，走去，走到云巅的腹部。

少年走成老翁，少女走成老妪，走出一幕姐弟恋的拍案惊奇
带走我们灵魂深处，内心的柔软，细微的灰尘。

他们，成为墓碑的那一天，积雪的山峰也忍不住
流下雪水。与溪水交汇的是我们，一汪汪眼泪。

2015 年 5 月 2 日，写于山东青岛

第二辑 跟世界拉下来很长的距离

那些山，植物，远处的钟声

那些山还像以前的模样
那些生长植物的黄土还像以前那样
那些熟悉的山峦，河流，车辙
那些传向远处的钟声
那些走过了许多年的街道
那些老宅院里从屋檐上流淌下来的雨水
那些茂盛的石榴，葡萄，无花果，大枣树，织姐草
那些映在窗户上的身影和灯光
都是我在河南生活五十年的片段
那些从黄河分流的河水
那些干脆利索的乡音
那些春节拜年问候的打问

都被母亲的啰嗦絮叨打发了
不知道，老二去哪里了。我也不知道
他现在什么地方，为什么丢下我
以及他所有的工作、生活和关于他的故事

2014 年 8 月 19 日，写于云南省玉溪市

童年回忆：去辉县方庄煤矿拉煤

时年，12 岁。第一次走了那么长的路
去河南的辉县，一座名叫方庄的煤矿拉煤。

走啊，走，走吧，儿子。咱们爷儿俩，去方庄
去方庄的煤矿，拉煤。
咱们家，没有煤烧了。煤火灭了，吃饭的事小
但我害怕，你们兄妹五个和你们的妈妈
会冷得受不住。冷，是我最不愿意看到的。

路边的树是绿的。河里的水是清澈的。
驾着平板车的父亲
被汗水浸泡得有些模糊了的面孔
是清白的。

在一个很容易混淆黑白的年代
他很快地走出，被审查的黑屋。
不做了，不做也罢。他原本就是一个工人
丢掉官职，对于他更是一种解脱。

那是我们父子，第一次相伴着
走了上百里的长路，共同去拉煤。

家里的炉膛，需要煤的燃烧。
我们家的生活，更需要温度。
我们，走了上百里的长路
去相邻的辉县方庄煤矿，拉煤。

褐色的炭块，随我们一路回家。
煤，也一路跟进家门，只是在路上
很少听得到它们的说话

2014 年 8 月 21 日，写于云南省玉溪市

砥学府的来龙去脉

我将父母始建的宅院，改建成为王氏砥学府。砥学府占地亩许，分内外两院，建有挑檐门楼、堂庭、东西厢房、客房、储物间，以及砥学府后裔考取高等学府的石匾学业墙等。门楼飞檐，屋脊高昂，粉墙黛瓦，古香古色，有水墨江南建筑风格。原河南省作家协会副主席、《莽原》杂志主编、著名诗人、书法家王绶青先生题写匾额“砥学府”。

砥学府的第一代，由我的文盲父亲加母亲的文盲组成。
——豫北平原上，一个极其普通的城镇居民家庭
为这个家庭的五个子女——授予俗常的名姓。

砥学府的第二代，分别由我们这一代的保东、保英、保友
保荣、保梅构成。他们，都喝上了中等文化的墨水
也掌握有养家糊口的技能。他们出现
在单位的档案里，身份统统都叫作工人或者职工。

砥学府的第三代，扩编到十人，却揣上了
19张高等院校的学历证。孙辈们
都考取了专科，本科，还出了6个硕士，2个博士
在本来就不大的获嘉城池
无疑更是一件为人咂舌的事情。

砥学府的十余块石匾，挂在祖居的院庭。
走过门楼的每一个人，都要停下来

面对学业墙，念出他们熟悉或者陌生的姓名。
已经长眠在公墓里的，我的文盲父亲王平堂
依然常常念叨如此的场景。

2014年11月29日，于山东青岛

七十二座商朝留下的古冢

如果，古冢也算是风景，我的故乡
——豫北平原上，已逾千年高龄的获嘉城池
将全是他们散乱的身影。他们
被黄土掩埋，被腐朽的荒草覆盖
一个朝代摞着一个朝代。

商，住着。周，住着。
刀枪剑戟，住着。数千年不醒。
那些尸骨，杀戮，流成河的血
染红的是前世的皇朝，距离我最近的民国背影。

访遍故乡，七十二座商朝留下的古冢。
探望，冢里住着的那些武士，将领，帝王，姬众。
我想唤醒他们，在他们惺忪地睁开眼睛
起身后，轻轻地探问，昔日的战况。

还要他们不得拒绝，平静地回答
当初是如何思想的，昔日的他们
为何，叩击扳机，将牧野之战发动?

2014 年 11 月 29 日，于山东青岛

父亲的清明

再也没有走出那一方墓穴　以苍老的耳朵
不间断的咳嗽与我耳语
夜色渐渐地进入内心
一盏灯亮起来　将墓穴深处照得灯火通明
一堵褐色的大理石墓碑
标记着您在墓园中的坐标和安眠的方位
谁家祭奠的鞭炮　一阵接着一阵
把您呛得眼睛通红

再也走不出那一方墓穴了
以一根咬在嘴里的竹烟杆
和金黄色的烟丝
打量着我　是否已经被江南过滤掉了
北中原的乡音俚语
一方小小的土丘的周围
堆满了一瓶瓶烈性的白酒
瓶盖子尚未开启
您已经踉踉跄跄地醉成了
走不稳脚步的神仙

再也走不出那一方墓穴了　连同您的故事
证件　履历表　相关的档案资料
都与蜡烛一起亮了
能做得每一件事情
都像墓前的蝴蝶一样　成了散乱的片段

再也走不出那一方墓穴了
没有任何一种办法
让您走出黑暗了
但你还是笑出了声音
一张张焚烧的纸钱飞成了鸟儿
鱼儿长成了草地上的根须
端起茶盏　听您一路唠叨或叙述昨日的故事

带去曾经属于您的一切
乘着月色赶路
不知道这样的行程　从哪儿开始
最后能在什么地方结束

2014 年，写于云南省玉溪市

一定要在月圆之前

一定要在月圆之前
从颍淮腹地赶回黄河北岸的中原故乡
一刻也不敢停顿
从供职的阜阳医院乘坐出租车提前出发
来到八公里之外的阜阳火车站
因为列车晚点
在郑州火车站中转时
错过了发往焦作火车站的城际高铁
急急地在郑州火车站对面的长途汽车站
买了长途汽车票
颠簸三个小时到达焦作长途汽车站
再从这里坐一个小时的市际汽车
在晚饭过了很久
终于敲开四十公里之外
获嘉旧居的家门
一定要把母亲请到北屋的客厅坐下来
重重地叩拜
一定要让母亲亲手
摆好祭案，月饼，苹果，香蕉等 然后上香
一定要赶在月圆之前完成这些事情
月圆时分这才觉得整整一天还没有进食
——为着赶路

2015 年 9 月 27 日中秋节，于获嘉

始终，生活在外省

在外省，始终只拥有蒲公英的身份
只有翅膀，没有根
长则三两年，短则几个月
就蜕一层皮，就经历一季枯荣
就皮肤被一寸寸晒黑

以草籽的形态，随风飘荡
飘到哪里，就在哪里安家
在哪里安家，都还是一株没有根须的草

在外省，始终只是一颗星星
离群索居，独自散发自己永不炫目的光芒
以萤火虫的亮度，为自己探路和照明
为自己取暖和挡风
站在高高的巅峰，用红肿的眼睛，眺望
北中原日渐模糊的故乡

在外省，始终没有获得名分或户籍
故居里的老母亲年逾八旬
老宅院里的石榴树和葡萄藤
夜深人静时，呼唤我土得掉渣的乳名
飘荡到哪里，就在哪里筑起
属于自己的漏风的窝棚

始终， 生活在外省
始终，把草籽揣在怀中

始终，用思念的草梗冲茶、酿酒
直到酩酊大醉，长睡不醒

2015 年 9 月 28 日，写于中秋节获嘉故乡探亲之际

所有的老太太都像是我瘦削的母亲

所有瘦骨嶙峋的老太太，都像是我瘦削的
只剩下 70 多市斤体重的老母亲。

那年，她生平第一次住院，被切除一段食管前
就做好了最坏的打算，和充分的思想准备。

后来，母亲还是扛了过来。虽然瘦削了很多
而且体重和骨架，撑不满昨日的衣裳。

我怕突然有那么一天，那么多的瘦骨嶙峋的老太太
都被一阵风给吹跑了，成为冰冷的墓碑。

2015 年 9 月 28 日，写于中秋还乡

时隔八年后回乡探亲

时隔八年后　还乡探亲　做不到妻贵子荣
做不到衣锦还乡　但整体印象　还好
空荡荡的老宅院　没有被画上大大的拆字
全部硬化了的甬道　没有长草　还好
老宅院的十几间房屋　包括正屋　东西厢房
堆放杂物的石棉瓦简易房　都没有漏雨　还好
无人打理的葡萄藤　石榴树长高了
无人采撷的果实坠落在地　开始腐烂成泥
还好　那只养了十来年　名叫小黑的矮脚老狗
还吃着百家饭　守着家门　朝着靠近庭院的
陌生人狂吠　还好　全部硬化了的院落
没有长草　还好　老母亲从轮流伺候的兄弟姐妹
家里赶来　虽然耳朵变背　需要向她大声喊话
食道癌　术后三年没有复发　还好
水龙头里有水　拉开灯绳　白炽灯还亮
十几年前买的电视机还有图像和声音
马桶　淋浴设施还管用　还好
自行车的车胎还没有瘪下去　还好
厨房里的一头被遗忘了的大蒜
长出了碧绿的叶子

2015 年 9 月 30 日，河南省获嘉中秋省亲之际，记于砥学府

慢到跟这个世界拉下来很长的距离

把故居当作一只鸟巢，把自己当作
一只倦怠的小鸟。整天不愿出窝
不愿梳理自己散乱卷曲的羽毛。
吃饱家人做好的饭菜，继续让自己松弛下来
继续抽烟，读书，写诗，入厕，洗澡，睡觉
继续在许多年没有打理的书屋里，翻来捡去
在地上丢满老家出品的帝豪牌香烟的烟蒂。

好多年没有这样了。可以想醒就醒
想睡就睡，可以不必整日里西装革履
率性地穿着一件短袖衫和大裤衩，袒露着胸膛
在自己的老宅院里踱来踱去，间或打扫
庭院里的葡萄藤落下的枯黄的叶子。
不再关心有谁敲响户牍和门扉。

想让自己在这个世界，没有影踪，彻底隐遁
想把自己整个埋在未经晾晒的书堆，找回
年轻时的自己。关闭网络，关闭电脑
关闭电视，关闭 4G 的智能手机，趁着天色变暗
独自走在路灯照射不到的阴影里，端看陌生了
许多的街巷，陌生许多的旧城城池

一切都慢了，慢了的还有头顶上稀疏的白发
中秋节已经过去很久，几块五仁月饼
正在变硬，几串橙黄的香蕉布满了黑斑
慢慢地睡去，慢慢地醒来，慢慢地

与屋檐上嬉戏的麻雀絮语
慢慢地吟唱，慢慢地喝自家酿造的葡萄酒
慢慢地读诗，阅读《诗经》里
关于卫水、卫国的文字，彻底地慢下来
慢到跟这个世界，拉下来很长的距离
慢到自己能听得到自己的心跳和呼吸
慢到了慢慢地找回了走失多年的自己
直到结束假期，返程的机票猝不及防地降临

2015 年 9 月 30 日，河南省获嘉中秋省亲之际，记于砥学府

过年或四双筷子

四双筷子，摆在携妻还乡的餐桌上
大年夜。邻家的人们，祭祀过后
燃起的连绵不断的爆竹
唤来，一年一度的除夕。

我，母亲，妻子，不语
豫北老家风俗，流传下来的几千年不破的规矩
当家的人，没有入席时
谁，都不得动一动筷子
我将一杯辛辣的守岁白酒
献给墙上的父亲遗像

耳畔，传来他威严的声音
——过年了，还等什么？吃饭，开始！

2016 年 1 月 1 日，写于安徽阜阳市

过年

春夏秋冬，走上一圈
三百六十五个昼夜，数上一遍

一晃儿，就是一年
老母亲的头顶，又积了一层密密麻麻的雪花

一晃儿，又是一年
孩子们已经长大，他们即将生育自己的娃娃

一晃儿，除夕夜，把我拽回多年未归的老家
鞭炮扯开大大的嗓门，向所有的家人，喊话

——守岁，过年。吃饺子，团圆。回家，看妈。

2016 年 2 月 4 日（腊月二十六），写于河南省获嘉县王氏砥学府

等我老了

等我老了，一定要用此生所有的藏品
修葺一座明亮、宽敞，长着胡须的房子。
让我们的家族，携带泛黄的宗谱，背着手
在前院的花圃里悠闲地散步。让他们
坐在哲学的秋千上荡漾。让他们
将我吟诵的诗篇一遍遍地朗读。
让他们，该下雨时，下雨。该刮风时，刮风。

让那些小说里走出的人物，敲响窗棂
点燃蜡烛一般闪烁的星星。让那些
躺在散文里的铅字，像一群乖巧懂事的孩子们
跟着楚辞，诗经，绕着后院的石径
围着一尊我的石膏像
大声地，叫出我的官号和乳名。

我用窗下种植的薄荷，为他们沏茶。
从葡萄架上，摘下酸酸的葡萄，酿酒。
让他们也成为主宰自己命运的上帝
让他们，喝得东倒西歪，烂醉如泥。
让先我而去的父亲，苍老地点着我的额头
骂道，老了还不肯消停。你这个臭小子。

让我的孙子们，揪掉我的银白胡须
栽在石榴树下，浇水施肥。
让我的女人，带领年轻的女眷
用屋顶青瓦上长出的苜蓿草，做下酒菜。

除了这些，我还喜欢一些其他的事情。
例如，我羞于说出人生的阴影

但我愿意，暴露依然新鲜的爱情。
把火神的披风，哗啦啦地在天空里尽情展开。
让心情，长出更多的绿叶。
让暮年，多出几盏摇曳的黄灯。

2016 年 3 月 20 日，于安徽阜阳

每至清明

癌痛已经纠缠半年，父亲竟然一声不吭。
我想象过，他也可能躲在我们的视线之外
呻吟过，但转过身来，脸上必定挂着轻松的笑容。

他，爱吃冰糖，爱喝白酒，爱抽烟
爱向老邻居们，炫耀昔日，光彩的事情
他，爱骂人，骂你个狗血喷头。
他，也疼人，疼得你，扑通一声，磕头作谢

他，爱我的母亲，爱他的子女，爱他的血脉后裔
去世多年，还透过墓碑，忏悔做过的错事。
但每至清明，他的坟头，总是堆满异姓的祭供。

2016 年 4 月 10 日，于安徽阜阳

父亲的遗物

王平堂，河南省获嘉县人，肖羊，生于1931年6月9日（农历四月二十四日），卒于2011年12月12日（农历十一月十八日）。1954年参加工作，1957年入党，是获嘉县二轻工业重要奠基人之一。

我收藏的父亲遗物，有如下品种：
一件开襟、盘扣、绣金龙的短袖红绸衫
三十年前收购的几十枚银元
（袁大头的制作工艺很粗糙。见过真银元的老爷子，怎么就没有辨出真伪？而且还要留作传家宝）
退休证、党费证、木质手章，少年时，做木工学徒
置下的墨斗、拐尺、木工锯、凿子
晚年时，外出旅游，拍摄于开封龙亭的照片
（身着天子戏装，貌似威仪天下的皇帝）
一袋打开口子的单晶冰糖
床底下，滚落的很多高度白酒瓶子

夜深人静时，这些物件，常常窸窣说话
间或夹杂父亲的咳嗽和哈欠
这些遗物，也偶尔唤起我们的名字
对我们的一举一动，发出唠叨和提醒
该做事了，该上班了，该吃饭了
该是清明时节了，磕头，烧纸，为他点烟

2016年6月28日，写于安徽阜阳

中秋夜里依稀有人喊魂

把北中原，掐头去尾，并且舍弃中段的那个部分。
在黑夜里哭。在他人看不到的暗处，洗眼，洗面。
即使能丢掉中原，所有的物事。中秋夜，依稀有人为我喊魂。

2016 年 9 月，写于阜阳

三炷香

第一炷香：告诉上天巡游的神仙，凡间将响起密集的鞭炮，唯恐，惊扰了天界，降下倾盆的大雨。

第二炷香：告诉香案前供奉的祖宗，黑漆金字的牌位
咱家的女儿，今日大婚，成为有婆家的女人。

第三炷香：告诉久逝的父亲，你的孙女，未及妆好嫁衣，早就哭成幸福的泪人。

2016 年 9 月 19 日，写于河南省获嘉县砥学府女儿新婚日

第三辑 底层或民间的俗常生命

乡党

嘴巴一张　但听口音就嗅到浓郁的方言
便知来客就是老乡
走路时胳膊背在身后　只看背影　不用问话
便能认定　同是大槐树下迁民的乡党

一手端着菜碗　就着馒头大口吞咽
有板凳不坐却要圪蹴在地上
天冷时喜欢抄手　一碗面条噗噗噜噜吃得贼响
走在人声鼎沸的街道，一边走路
一边还吃着油条　包子　大饼
这副貌相　无疑就是豫北平原地道的乡党

乡党老张　50 多岁
有 30 年都在外边的建筑工地打工
孩子被抱走，老婆成为他人的新娘
想起来老家的这些遭遇
他的心里就砌上一面厚重的石头墙

乡党小梅　16 岁就给拐到了一个鸟不拉屎的地方
跟一个比她的爹爹还大几岁的瘸子
生了两个女孩　现在又怀上了第三胎
巫婆说这一胎必定是男娃
必须好好敬香

乡党大黑　是在一个建筑工地认识的
他为了讨薪返乡　爬上几十米高的塔吊

口口声声要跳塔自杀
被赶到的大批警力和政府代表解救后
才有了回家的路费

乡党李局　没有他不敢碰的女人
收受贿赂和回扣　置下豪车和城市里的洋房
最近一次见到他
是在他以前经常露脸做廉政报告的电视上
戴着手铐　一脸颓废和沮丧

习惯的动作　翻到地图就拿尺子去量
从异地他乡到老家有多长的距离
习惯的行为　听到老家的乡音
就忍不住再三打量陌生的面庞
习惯的表情　看书读到老家的字眼
眼泪就是不绝的河流　日日夜夜　哗哗流淌

2014 年 12 月 2 日，于山东省青岛市黄岛

坠落

我，不主张暴力，也不赞同
用极端和残忍的手段
来毁灭和结束自己的生命。
而你，终是不听劝阻。
站上了，高高的楼厦，最高的顶层。
你，没有翅膀，没有飞行的力量。
为什么，还要以一只鸟的飞翔
溅起所有人惊诧的目光
——用所谓的思想
荒唐地，兑换鸟的羽毛。

2015 年 9 月 25 日，写于阜阳

暗夜

暗夜。花草瑟缩了叶片。
一声声，撕裂黑暗的号啕大哭
在为逝去的亲人，悲戚地送行。
又是一个生命，在冬夜里
坠落下来。高高的脚手架下
一个民工，来自于外省。
他，失去体温的血
把厚厚的雪粒，染得殷红。

2015 年，写于安徽阜阳

电梯井底的一捧银白色骨灰

干活之前，他总要骂上一句
然后，一头钻进轿厢
开启关闭，上下运动。
鼓捣半天，让电梯心肺复苏，重新活过来。
而他的 5 岁女儿，在他的视野之外
掉进电梯井的洞底
瞬间，化作一捧银白的骨灰。

2015 年，写于安徽阜阳

老宋仰卧在楼厦的阴影里

被楼厦的阴影笼罩。仰卧的老宋
就会想起许多的心事。楼厦在他的手里
和劳作的脚下，一层层长高
自己，却渐次萎缩了原本瘦小的身体。
站在泥里，水里，灰里，沙尘密度极高的
空气里，汗腥的工装，浸透盐渍。
仰卧在楼厦的阴影里，我看到老宋
在一轮夕阳的余光里，抽烟，唠嗑
放屁，用色眯眯的眼，捕捉
偶尔路过工地的女人。

2015 年，写于安徽阜阳

不知道名字的女邻居

说走就走了，装进一口白茬的棺材
被几个五大三粗，表情严肃的男人
扛在肩上，送回乡下的村里。
一个不到十岁的男孩，跟在身后
拖着长长的鼻涕。
还是在昨天，这个时辰。她曾从我家里
借过煮饭的盐巴，并且冲着我笑
露出的是八颗染了黄斑的牙齿。
今天，她一脚踩空。
她的身体，没有任何征兆，从高空坠落
瞬间，变成了一只熟透的柿子。

2015 年，写于安徽阜阳

陪小菊上香的返程路上

上香回来的返程路上，小菊要我陪她
逛一逛新开张的万达广场。
在拥挤的人流里，沾一些猴年的年味
和男人身上的酒精与烟草的气息。
守寡十几年了，她一直不肯，再碰任何的男人。
但是，她的肚子，还是越来越大
远远地，看上去，足有八个月的身孕。
在我们从医院出来后，她产生上香的念头
期待上苍，把寄生在子宫上面
疯狂生长的恶性肿瘤
胎儿一样，埋在她日后逝去的坟头

2015 年，写于安徽阜阳

空巢

夜已经很深了，隔壁的人家
苍老而凄厉地，喊起他们亲人的名字。
透过墙壁，一个老婆婆
用悲伤为远去的老公，送行。
我忧心，剩下来的日子里
她，一个人
如何在盛夏里，纳凉
如何于寒冷的季节里，越冬。

2015 年，写于安徽阜阳

仅仅需要一碗阳春面

他将一张文字纸板，拿给就餐的人们看
——谢谢，我饿。我仅仅需要一碗阳春面。
他从人们的手里，接过来几枚硬币
拒绝接受比硬币面值更大的百元纸币
他说，有一碗饭吃，就够了。
我饿，但我只需要几枚硬币

2015 年，写于安徽阜阳

他为自己装上一副走路的假肢

他，为自己装上一副走路的假肢——闪着金属的光泽
他，慢慢地穿上失去肌肉、骨骼撑起来的裤子
他，走过每一条街道，都显得平静，或者若无其事
他，走得很慢，深怕脚下有何障碍物，绊倒金属腿脚
他，向嬉戏的鸟雀，打探到了春天的消息
他，说眼前的岸柳，已有了新绿，萌发在光秃的枝头

2015 年，写于安徽阜阳

疼痛

她躺在手术床上，用她的眼睛
向我们，下达不容置疑的指令
“局麻，尽管用刀”，尽管切开细腻柔滑的皮肤
尽管在骨折处，上钢板，下钢钉，做内固定

她说，失恋的感觉，要比今天的车祸和骨折
更加疼痛。她照样挺过来了。伤筋动骨一百天
骨折终会痊愈，而失恋的伤病，将会伴随终生

次日，查房。她喜气洋洋，向我介绍
一个阳光男人。说，就是他，制造了她的疼痛

2016 年 4 月 10 日，于安徽阜阳

他爬上医院最高的楼顶

夜深。病房里的人，睡得更深。
不告诉任何的人，他爬上医院最高的楼顶。
扩散的癌细胞，天天咬，咬他骨瘦如柴的肉体
所咬之处，锥骨般疼痛。
月亮看见他，此刻的伤悲，纵身一跳的弧线
随身飘落的，还有一张薄纸：
“是我自己，选择了解脱。
我的死亡，与医院没有任何关系”。
最后的结果，有悖于他的遗言
医院，不得不支付一笔天文数字的赔偿款……

2016 年 6 月 7 日，写于安徽阜阳

课本和琅琅的读书声是崭新的

她的衣服确实破旧了一些
她的脸庞确实脏了一些
她的手里，拿着一块刚烤熟的山芋
（冒着向上蒸腾的热气）
但我看到，她的书包是干净的
课本里传来的琅琅的读书声，是崭新的
鼻子下面挂着的鼻涕，带着我的童年，微弱的体温

2016 年 8 月 12 日，写于安徽阜阳

听来的故事或意外跌倒之后

一条腿，做过全髋关节置换手术
一条腿的裤腿，隐蔽了金属假肢
都在一场意外的跌倒之后
咔嚓一下，骨质断裂，令人颤栗
我扶他起来时，看到，他的胸前
已经被瓢泼大雨，淋湿
（咸咸的，含着土盐特有的成分）
他的嘴唇，断断续续，说
该怪的是自己，还要感谢你
将我扶起，没有任何的顾虑

2016 年 8 月 19 日，写于安徽阜阳

忽然忆起几个初中时的同学

第一个，是摆水果摊的宋树贵。他的寿命
最短，仅仅三十多岁。终结于 2000 年某日凌晨时分
当时，他驾着机动三轮，去新乡市里进货
（他隔三岔五地，都要去市里批发一车水果）
向着一部路边熄火的故障车，追尾
（大货车满满地装载了超长的成捆钢筋
每一根都不亚于锋利的红缨枪）。夫妻双亡

第二个，是公务员张建忠。在前几年
某个春节的深夜（有人在事后，回忆说
那个晚上，四处一片漆黑），喝得酩酊大醉
骂走代驾，骂走挽留他，住上一晚
等酒醒了再回去的人们
他开着公路局的公车，十分英雄地
（似乎带着一副视死如归的神情）
一头钻进，公路边几米深的鱼塘
鱼塘里，有着很深的淤泥。
四十多岁，先走一步。他时常给人托梦
听到的，总是这样的声音

第三个，是邓福星（乳名孬蛋）
（在送走同学加邻居的张建忠的几个月之后）
撇下初中时的女同桌小香，以及
他与小香组成的殷实家庭。临死前
大喊一声，我疼。
走进公墓的他，带着腹腔里的

那些转移、扩散的肿瘤细胞

第四个，是我的本族兄弟，他叫王保林
（长得壮壮实实，村里人都叫他墩子）
以高度酒的海量著称，在几年的光景里
他先后操办了，上述几个初中同学的葬礼
他的血压，高得离谱，依然海吃海喝
终于，在一场酒后，以脑出血抢救无效
倒在，村委会主任的任上

进入乙未年的尾声，我又刚刚得到
一个不幸的消息。集贸市场卖衣服的邓希杰
（他是我最好的发小和玩伴）
办完子女们的婚事，膝下添了孙子
就要开始享受清福的年纪，好像是因为
什么治不好的病，火化，带着骨灰盒子
进了村里的公墓。

——他们，都是我的初中同学和发小
他们，都在三十多岁至五十来岁
驾鹤归西。我相信，他们
都不愿意，过早地撒手人寰，他们
肯定还有许多夙愿，以及没有完成的事情
没有讲完的故事。（在一个回乡探亲的日子）
我一一抚摸着他们，光洁的墓碑
对他们说，你们很不够意思，你们
一个个缺席，一年一度，初中同学的春节聚会

骂过之后，怨过之后，我面对
如此密集的死亡，在初中同学花名册上

圈出了很多的黑框。我更知道，若干年后
他们，还将团聚在我的文字里
一一吵闹，骂娘，斗嘴
很凶地抽烟，粗糙地划拳，喝酒
一个个东倒西歪，喝醉属于他们的墓碑

2016 年 1 月 3 日，写于安徽省阜阳市

说走就走

王斯平（1955年—2016年5月21日），河南省卫辉市人，毕业于河南大学政教系。河南省作家协会理事、河南省诗歌学会副主席、河南省新乡市作家协会主席、《牧野》文学双月刊总编。出版诗集《蓝天 黄土》《一棵想家的槐树》。重要作品有《江河水》。

还是往常的干脆劲儿。说走就走
一概省略，与众弟兄黯然握别的场景。

第一次，也是唯一的一次
安卧于殡仪馆的鲜花丛中，你不再讲话
却能用一双诗歌的耳朵，分辨和聆听
谁在号啕？谁在啜泣？谁将生生世世将你惦记？
谁更愿意，就在此时所在的火葬场
与你达成一个必须践诺的盟誓和约定

——继续追随你。在N年后的天堂
聚义的宴厅，大碗喝酒，大块吃肉
朗诵咱家的《蓝天 黄土》
吟哦《江河水》，雄性奔腾。
也骂娘，也车辚辚，马萧萧
也大江东去，浪淘尽
也为一株小草，一只麻雀流泪。

我更愿意，于五月与你抱肩
站成《一棵想家的槐树》
用北太行山岩石的缄默

开一树属于牧野大地的洁白槐花
弥漫咱们老哥们，自己的清香

——淡淡，素雅。而且
不看谁的脸色，不为物欲所动。

2016年5月25日，草于河南新乡市，29日改于安徽阜阳市。

独孤常州小传

独孤及（725—777），字至之，河南洛阳人，唐朝散文家。天宝末，以道举高第，补华阴尉。代宗召为左拾遗，俄改太常博士。迁礼部员外郎，历濠、舒二州刺史，以治课加检校司封郎中，赐金紫。徙常州，卒谥曰宪。集三十卷，内诗三卷，今编诗二卷。

官阶考证。唐，独孤及
——我的河南老乡，曾任左拾遗一职
（约七八品，与现时的县处、乡科职级相当）
隶属于谏诤机构（与现时的何种机构职能对应，待考）
主要工作是捡起（皇上）遗漏的东西（政策、决策失误）。

就任左拾遗一职的独孤及，亲自
编剧、导演和主演过一部逼宫戏
实在让我等佩服不已。
这个倔骨头，竟然敢冒天下之大不韪
要求唐代宗，下《罪王诏》，“反躬己”
让堂堂君王，向子民发布“认错书”。

啧啧，你还知道自己是老几么？
真要用自家的性命，去赌一把生死的游戏？
死就死了，无非来世，再挺胸昂首走上一回？
我只能理解为你的命好
你的这一把豪赌，赌对了皇帝。
据史籍确切记载，天子没有龙颜大怒，仅仅
把你平级调任，一个正七品的闲官
掌管祭祀之事的太常博士。

我们，也真的服了你。此后的一系列事情
更是令人不可思议。旋即转任濠舒二州刺史
委以重任，巡行郡县，检核问事。
还居然被加封为三品郎中，赐以金带紫服
转任富庶之地的常州刺史——地方行政长官的实职。
我们，也真的敬佩你的本事，修文理民
政迹卓著，时仅三年，吏不忍欺，路不举遗。

我有些费解，你独爱常州，不思洛阳故里的理由。
作为唐古文运动的先驱，大诗人李白的挚友
你悠然归隐常州，于鹁鸪山凿泉，开潭。

我在想，百姓不一定搞得懂什么是古文运动
他们最能读懂的是清官，廉吏，贤明。
这才有了，你终老后的常州
百姓“行路恸哭，罢市相吊者累月”的场景。

2012 年，初稿于江苏省常州市武进区鹁鸪山遗址
2016 年 6 月，改于安徽省阜阳市

铁匠铺的春天

他，把一截坚硬冰冷的钢
烧得通红。通红的火焰
也将他，闪着青铜色泽，棱角分明的脸
烧出萌动的春情。

他，向掌心里，吐上几口唾沫。
抡起大锤，伴着嘿嘿的打击动作
剧烈地，掀起一阵密似一阵的雄风。

铁匠铺子的早春
自邻村的田桂香，一次跌跌撞撞的造访
开始泛滥——

每次，事毕。提上裤子的他
总要嚷道
留守女人的身子，比烧红的钢更软……

2016 年 7 月

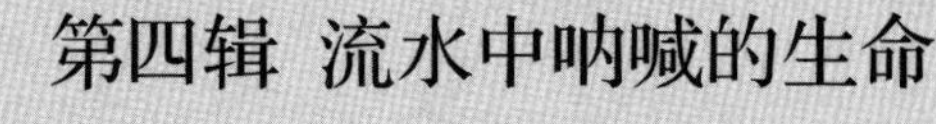

第四辑 流水中呐喊的生命

九年：从一个省到一个省

从一个省，一个省，接着一个省，穿行。
借助汽车，火车，飞机，驴车，牛犁等交通工具
在行色各异的人群里，不停地迁徙和流动。

坐在外省的石头上。一场酒醒过后
头顶上的星星，一颗，两颗，三颗
每一颗星星，都不再是一副苍凉的面容。

从一个省，到一个省。在不同身高的省份之间
适应不同的温度、气候。我必须
在不同面孔的都市、城池的缝隙里
感应世间不同的表情。也收藏和归档
许多的善良，淳朴，感恩，包容。

先是黄河腹地，再是长江流域，穿梭于异乡，异地。
我以坦荡、舒缓的心脏，消弭异域、异语的隔膜。
虽然，一路击桨，涉过湘江、洞庭的
流水之后，我的袖管依然空空荡荡。

虽然，云朵深处的滇缅云岭，云岭上空的星子
依然还会惴惴不安。我所看淡的，不仅仅是
拖着长长的尾巴，划破天幕的流星
它们的体温，由热变冷的过程。

从一个省，到一个省。用不同的语言
交流不同的心境。坐在齐鲁古国的背影里

与琅琊台海滨的石头耳语，忽略的
不仅仅是布满汗栋毛孔的冷暖，炎凉。

以皖西北的颍淮流水，坦然地占卜，九年以来
我所度过的未知吉凶的时光。更愿意
将身上的较多不堪，少许慰藉
甚至所有的事情，墨书于每一枚卦签之上。

我把用旧的行囊，草编的蓑衣，遗弃
在留宿的驿站。但绝不隐瞒，我所经历的行程
所有道路和地段，掩藏的幽深陷阱和狰狞的杀机。

我也保留了少许的内容，留作余生的回忆。
正如你们，对我同样没有解密所有的心事。

2014 年 11 月 29 日，写于山东青岛

他们

把所有朋友的联系号码都存在手机上
时常翻动却不敢去拨号 不敢去拨通他们的名字
他们常常在梦中与我通话
口里不住地抱怨，兄弟，你去了哪里？
怎么就突然没有了任何的消息？

他们从我的兄弟姐妹嘴里
也掏不出关于我的片言只语的信息
但我知道，我不肯失去那些朋友
在市里当官的仁兄，在县里呼风唤雨的哥们
在医院的诊室里看病的同事
以及乡里乡亲
从小玩大的同学
发小和抬头不见低头见的邻居们
以及我爱的几个女人
我不愿走进他们的生活
正如同当年不愿离开他们的情形
我希望他们把我彻底地忘记
就像已经走进公墓的那些兄弟
我想他们，他们更想我
会在某一天出现在他们面前
抱上几拳，粗俗地骂上几句
兄弟这几年你死在了哪里？

2014 年 8 月 19 日，于云南省玉溪市

殷红的血液，自刀口处流淌

杀鸡；杀给猴子看。让猴子在鞭子的抽打下
惊恐万状，观看一次进行中的行刑。
看明晃晃的刀子，一下接着一下
割断鸡的喉管；让殷红的血液，自刀口处
淋漓地流淌。勒令肃立的猴子，从兹禁声
无条件执行，主人下达的所有口令。
幸亏这幕场景，只是于梦中发生
醒来过后，我的脖颈依旧发凉，生疼。

2014 年 4 月 16 日，于武定

鹰的标本

I

终于可以不朽了
哪怕是以标本的形式传世

终于交付了一件得意的作品
哪怕只留下鹰的空空躯体

终于为你写了这么一首分行的文字
哪怕人们不愿去读.不愿将你寂寞地忆起

2014 年 9 月 23 日，于云南省玉溪市

II

如果，以这样的一种方式进入永恒
我宁愿选择肉体的腐烂
让灵魂继续翱翔于湛蓝的天空

如果，我被束缚了搏击长空的翅膀
我宁愿选择死亡
向苍穹喊出最强的一嗓

如果，只能倒在卑鄙的枪弹下面
留下一条悲壮坠落的弧线

我宁愿选择天空最后一个翱翔的剪影

如果，我必须停止我的歌唱
我宁愿一头撞碎囚禁的玻璃
让所有的目光都为这样的瞬间垂泪终生

陈年旧稿，年代不详，2014年9月改于云南省玉溪市

病室里的人

我不是病人，但我必须关注每一间病室
每一间病室里的每一张病床
每一张病床的床头上，挂着的每一张标签
每一张标签，代表了病床上的，男男，女女

我把各色的人等，都以患友的称谓，集中地命名
每一个由我管理的人，都遭受肉体的痛苦
沾染了死亡的气息。
他们，交付到我的手上。我必须
以药品和手术刀，为他们驱除魔鬼或瘴疠
为他们唤醒健康或幸福的诸神

我为他们翻身、扣背，在他们的身体上穿刺
在他们的皮肤的某处，建立一个静脉通道
注入化学性冰冷的液体。甲硝唑、利多卡因
葡萄糖液、生理盐水、血浆、环磷酰胺等等
数百种的化学、商品名称，以及各种的禁忌

我用金属针头，让他们每一个人
都分别疼上几刻，几秒。必要时
还要把一些胃管、尿管、引流管、留置针、导管、探头
插进他们的腹部、脏器
或者鼻孔、尿道、阴道、肛门

我把许多的连接着导线的电极
夹在他们的手腕、脚腕、乳头上面

用电流、波长、波形，扫描出的曲线
投射出的阴影，为他们
作出超声、X 射线、MRI 等等的影像诊断

我从他们的胳膊上，抽取殷红的血液，化验
我用一把把手术刀，切开他们的皮肤
心脏、脾胃、子宫，锯掉他们的胳膊、大腿
割舍他们，身体的某一个部分
还要像外婆，做针线活那样，一针一线
吻合神经，修复皮瓣，接通血管，缝合皮肤

我把钛钢板、钛螺钉、钛夹板
植入他们的骨骼，连同在他们身体的其他部位
取出的鲜骨，把别人捐献的血液
交叉配型后，注入他们的身体
我把义齿、假眼，他人的眼角膜、心脏、肾脏
分门别类，以移植的形式，装在他们的身上

有的人，高高兴兴办理了出院手续
总是抓住我的手不丢。
有的人，进入了难测幸福的天堂，再也不肯回头

我爱，在病室里居住的所有的人们
我更不希望有了这次，还有下次再遇到他们
我爱，被暂时交给我处置的人们，
爱他们的每一张面孔，财富不一的身份
他们的优雅，粗俗。却总会忽略和淡忘
他们不同的职业，不同的背景。

2014 年 12 月 1 日，写于山东青岛市黄岛

喜鹊栖落绿岛印象小区周围的树冠上

夜晚。它们，栖落在黄岛的绿岛印象小区，周围的树冠上
收敛白昼里展开的翅膀，黑色的羽毛。

夜幕的深处，每一个枝杈上面，都挂满了万家灯火
和微弱的星星。这个小区也是它们自己的家。

没有楼号和房间号码的它们，组成密集的阵容。
嬉戏在高高的枝头，向每一户居民，传递远方的消息。

在葱郁的树冠和绿叶之间，它们中的雄鸟与雌鸟
也窃窃私语，也嘎嘎地叫个不停。

2015 年 4 月 28 日，于山东青岛

再一次

带着我爱的女人，再一次迁徙。
不知道以后，是否还像现在，以及从前的那样
说走就走，不产生片刻的犹豫。
一口行李箱，就装得下了
所有的家什。几件或棉或单的衣服
下面总有几本毛边诗集，垫底。
许多张火车票，从此地，至彼地
它们在我平静的脸庞上，读不出什么异样。
只有与我厮守的女人，知道
我的心，屡屡在迁徙中受伤。

2015 年 6 月，于安徽省阜阳市

到站了

总要在火车站广场，一番茫然地张望。
把一座陌生的城市，反复镂刻
试图记住它某些典型特征，以及今日初见的模样
留在许多年以后，翻捡出来些许
淡淡的记忆，或者虚幻的念想。
就像未来的某个时刻，离开的场景
还有一阵吹来的晚风
抱紧我，渐隐渐现的白发

2015 年 6 月，于安徽省阜阳市

比喻

自己，就是没有重量的蒲公英
飘到哪里，哪里，就是下一个故乡
自己，就是树冠上的绿叶
终究将全身发黄，失水
轻柔地，于坠落中独翅飞行

2015 年 6 月，于安徽省阜阳市

迁徙

倘若，每一次迁徙，都能觅到丰盛的
食物，果蔬，水，以及我所期待的生活。

倘若，我可以操纵，左右命运的大手
所走过的道路，就不会遗弃脆弱的枯骨。

倘若，就此可以抵达桃花源的深部
我就选择一处没有污染的水源地定居。

耕作，播种，脱粒，榨油
浅溪里，张网，捕鱼……

2015 年 9 月 25 日，写于阜阳

静夜

一辆接着一辆的暗夜汽车，叫着我的乳名
从道路的一头，驰向另外的一头。
他们，粗糙地冲开夜色的波浪，嗡嗡地
切割阜城的子夜，和夜中的我。

这是 2015 年深秋。不知觉中，天在降温。
比饥饿还残酷的秋风，将扫荡我从事的劳作。
时令，已经秋分。我是一条没有毒液的蛇
必须赶在霜降的前夜，完成冬眠的准备。

匍匐在窗外，厚重的夜色里
看一部部汽车，嗡嗡地行驶而来
粗糙地喊着我的乳名，跟我说：
这就是你的炼狱，必须面对的生活。

2015 年 9 月 25 日，写于阜阳

精神病院

在精神病院　在所有的精神病人眼里
他们的精神很正常的　而我却是有病的

正因为在他们看来　只有我是不正常的
他们就在我的背后指手画脚
指指戳戳地冲着我的背影　说
这个人　一定精神不正常。
这个人　一定有精神疾病。

在精神病院　我听不明白他们说的话
而我说的　他们都听得很懂

他们的头上都有不止一轮的太阳
有许多的神明降临　有许多的鸟雀在歌唱
他们可以把瑰丽的思维　停留在蜻蜓的翅膀上面
可以驾着朵朵白云停歇　或者轻盈地飞行

他们可以倒着走路　可以旁若无人地
表达他们的喜怒哀乐和真实的感情
他们可以不看别人的眼色行事
不必揣度别人的思想和神情
他们愿意做什么就做什么

而我总是谨小慎微　掂轻怕重
把自己包裹得严严实实
怕他人偷窥　怕他人探秘我的隐私

怕他人揣度心事　怕他人设绊　捅娄子
怕一脚不慎　误入他人布置的陷阱

2015 年 9 月 28 日，写于中秋还乡

皖北的冬

——冷。可以最准确地描述皖北
皖北的冬。吸收头部，颈部的热量
我只得用一顶棉帽罩着，稀疏的发丝
裹紧缩短的脖颈
养在室内的花草，在暗夜里
瑟缩了叶片。一声声撕裂黑暗的号啕大哭
在为逝去的亲人，悲戚地送行。
又是一个生命，在冬夜里
坠落下来，高高的脚手架
一个外省的民工
把厚厚的雪粒染红

2015 年，写于安徽阜阳

我以这样的诗句描摹阜阳

被那么多的水系，滋润着，灌溉着。
她的广袤的皖西北平原，她的稠密的村落
她的徽派风格与苏韵杂糅的新式民居
她的阜南柳编，她的界首陶艺
她的透出麦香味道的剪纸
她的盛开着月季花的田野沃壤。

被那么浓郁的乡风，熏陶着，浸润着。
她的中原官话区的阜宿方言
她的激昂慷慨的梆子戏
她的“东方芭蕾”颍上花鼓灯
她的清雅悠扬的太和清音
她的蜿蜒颍水濡染的有着麦秸秆质地的民风、风俗。

被那么美丽的画笔，勾勒着，描摹着。
她的土丘，她的高岗，她的荷塘，她的绿地
她的稻菽，泛起了千重浪波
她的油菜花风姿绰约，她的桃槐花瓣馥郁清香
她的和煦阳光，幻化为一群温顺的羔羊
她的少女娇羞和裙裾，牵起万千惊羡的眸光。

被那么久远的先朝，延续着，映衬着。
她的古朴，她的沧桑
她的老子授道，她的先哲管子
她的甘罗出使，她的吕蒙攻城略地的若干轶事
她的关于晏殊、欧阳修、苏轼游踪阜阳的诗文

她的文人骚客，于颍西湖泛舟赋诗的场景
她的刘琦抗金，顺昌大捷金戈铁马的传奇。

被那么多外出寻梦的游子，挂念着，唠叨着。
她的文峰塔，她的魁星楼，她的深邃古巷
她的馓子、麻叶、格拉条
她的粉鸡、撒汤、枕头馍
她的旧城新区，千娇百媚
她的绿地和楼厦，流光溢彩，星夜流觞
她的牵来春风作为酒曲
酿酒作坊灌醉的惬意面庞。

2015 年，写于安徽阜阳

谁

谁，将太阳推入深渊。
谁，把灭顶的灾难，转嫁于幽暗的矿井。

谁，潜入了我平淡的生活。
谁，在话筒前撒谎，言不由衷，而且没有表情。

谁，侵略了我的心脏。
谁，将枯萎的干花，安置于透明的水瓶。

谁，像灯蛾那样扑向燃烧的灯火。
谁，拥有草芥的姓名，却被陌生的我念叨不停。

2015 年，写于安徽阜阳

没有谁愿意在这里出没

除了工作人员，没有谁愿意
在火葬场出没；除了逝者的亲友，没有谁
主动到此，看一看，走一走；
除了那些从烟筒里，钻出来升上天空的
灵魂，还偶尔回来故地重游；
除了那些出入的运尸车；除了不再说话的
遗像；除了一支支白花、黄花
组成的花盆和花圈；除了
那支低回了许多年的哀乐

——居住在火葬场边
一个城市漂泊者，愤愤地说
城市里的人，运来的越多
我就增多了一点点落户城市的机会

2016 年 2 月 3 日（腊月二十五），写于由皖返豫途中

流水中呐喊的生命

与石为邻
临水而居
面水而憩

绕膝的流水
从壁立千仞的高处跌落下来
少女一样柔软的流水
漫过脚踝，膝盖，胸口
直至瞬间将你彻底淹没

浩渺的大水
常常以极其柔软的方式征服坚硬的物质

许多柔软的手伸出来
许多柔软的舌头
常常将石头包围

石在水中呐喊
在混浊或者透明的水中流泪
在水面以下
坚硬的石头举起咆哮的手臂

即使永远沉在水面以下
也渴望某日某时，水落石出

2015 年，改于安徽阜阳

我计算不出一滴雨的重量

是的，我计算不出一滴雨的重量。
但我，能够感知它的柔软
酷夏里传递的薄荷一样的清凉。

秋风中，打湿旅人的行装。
一滴雨，其实长着隐形的翅膀
在不声不响的坠落中，潜回生长的村庄。

它，麻雀一样。隐藏在我们身边的
各个角落。一不留神，它就坐在了
北平原的屋脊和青瓦之上。
它，也蒸腾，与彩云厮守
也升空，与蓝天嬉闹个不停。

在某个没有征兆的时刻，它就飘飘洒洒
坠落在了村庄的颈项和肩膀上面。
往往，一滴雨更能显出它的顽皮
以及无法计算的重量。
犹如走失的孩子，但它能够清晰地
记得祖宅的方位，家的朝向

2015 年，写于安徽阜阳

蜻蜓

喜欢，你们的晴朗
你们落在草尖上的样子
你们，在流动的空气里
裹紧透明的翅膀

不由自主，我也被你们
拉上天空，进入飞行的空域

2016 年 1 月 3 日，写于安徽阜阳市

我只是一只用于泡茶的杯子

我只是一只用于泡茶的水杯
制作杯子的材料，既没有紫砂的成分
也不属于昂贵的葡萄美酒夜光杯
更不属于，那些贴着紫砂标签的仿制品。

相对于茶品，我更愿意冲泡，一捧碧绿的青草
几片竹叶，几粒枸杞，几颗红枣
几枚决明子之类植物的果实。

我可以，疏远铁观音，龙井，大红袍
以及许多名贵的佳茗。
我偏爱于不加开水，不加温，省略洗茶的程序。
不用女儿红的纤纤柔指，演示冲泡的茶艺。
也不必将我雕饰，或镂刻花纹。

不必，用华丽的绸缎将我包裹。
不必，将我盛装于奢华的锦盒，或者精致的器皿
以礼品的名义，去俘获权贵。

我心甘情愿地，被放置于某个安静的角落
不声不语。与清冽的甘泉为伍
组成一生一世，肝胆相照的兄弟
或者朝夕相处，相互温暖的姐妹。

冷过，热过，爱过，不曾恨过
怨过，忧过，涕过，不曾悔过

满着，空着，哭着，笑着
却不曾弃着，碎着。

我仅仅是一只空空的杯子。

2016 年 1 月 15 日，写于安徽阜阳

一汪车辙里的雨水

我是降落在车辙里的一汪柔软的雨水。
混浊，卑微，弱小，低温。间或还要承受
碾压而过的车轮，但我不哭，不闹，不呻吟，
不流泪，不疗伤，不央求谁。

不要，把我过滤，净化，加入明矾。
不要，把我煮沸，盛装于透明的水杯。
不要，把我虏进帝王的宫殿，出任帝王的弄臣。
不要，把我献给庞然大物，被它们玩弄于掌心。

请你们记住，我只愿意，保持一个草民的身份，
不去重写前朝的历史。不介入，更正著述里谬误的事情。
但我愿意献与人世间，自然生长的花朵

或者一岁一枯荣的绿草。我的歌声
始终是真诚的，而且永远是唯一的。

2016 年 3 月于安徽阜阳，写于 2016 年 2 期广东《作品》杂志空白处

海岸线

大海究竟有多远?
到达海的对岸，是否必须泅渡或坐船?

从看到大海的那一天起
我就试图找到另外的答案

沿着长长的堤岸
我已经走了五十多年的海岸线

用大半生的光阴，换取
奢侈的盘缠，导向的罗盘

到达海的对岸，我这才发现
并不规则的弧线，更是一艘渡海的帆船

2016 年 4 月 10 日，于安徽阜阳

兵器博物馆

战事，频繁。穿着，被血染红的战袍
兵器们—— 一具具血腥的遗产
展现在我的面前，让我不敢轻言。
它们，终于唤醒，我的单薄和惊悸。
这个世界的秘密，被我蓦然发现
——世界的秘密，就藏匿于对垒的阵营之间。

四月，带着谷雨，一并走进兵器博物馆。
前几个展厅，冷兵器时代，寒冷如冰；
后几个展厅，是坚船利器，一枚枚炮弹
摧毁的城垣，饥寒的妇孺，枯黄的脸庞
和反抗的身影，爆炸中，中弹的弧线。
四万万人同声呐喊，博物馆随之地动山摇。

我的脸，已经被腥咸的血，涂抹了几遍。
青铜斧劈下来的时候，我不属于雨季。
倭寇上岸的年景：一群手无寸铁的背影
一列列赤裸脊背的壮汉，燃烧着火焰。

2016 年 4 月 21 日，写于阜阳

雪烬

雪后。我不再将洁白唤作雪的名字
我把许多的雪，堆进铁锅
架起林间积雪的枝条、松塔，去烧
雪化成水，水在火烧下，缩小
直到锅底，只剩下一堆黑色的雪烬。

2016年6月19日，写于安徽阜阳

再忆坝上草原

那些山坡上，遗落于虚土里的土豆粒
索性丢下，让它作为来日的腐肥。
“长眼睛的小黄鼠”，已经认不出
我这个若干年前结缘，来自异省的兄弟。
堆在林区边上，比我高出许多的木材垛
等待燃烧。留宿这里的鹰，变得凶残了。
蝴蝶的翅膀，擦着我的额头飞过。

2016 年 6 月 19 日，写于安徽阜阳

看草原

看天有多高，草原有多大
鸟雀能飞多远?
看白云下面，某处河湾的浅滩
有没有我可以安身的帐篷或毡房?

看山，觉得山，也足够渺远
连绵的牧草，远过了河流的尽头
酥油茶，会让我把草原
认领为出生地，和根的故乡

而“牦牛每走一步都很孤独”
而我，必定是羊群中
没有名字的公羊
把弯弯的月亮，挑在弯弯的羊角上

打马在草原上行走
一不留神，碰翻的奶桶，草原和整个天空
都是奶白的颜色，和着很小的花儿
隐入草地，无边无际……

2016 年 6 月 19 日，写于安徽阜阳

丰沛而年轻的支流

不是被风迷住了眼，不是忆起酸楚的往事
蒙着红盖头的女儿就要出嫁，忍了很久
还是忍不住淌泪——从兹开始
我们家的小河，衍生一条丰沛而年轻的支流。

2016 年 6 月 28 日，写于安徽阜阳

汴梁城头的灯盏

宋朝的汴梁：城头的灯盏
点亮，挂在城门楼上的木笼。
木笼里的头颅，照例睁着贫血的眼睛。

潜回祖先生活的朝代
把榆木制作的燃香，举过族谱的头顶。
一边于青石上，磨刀霍霍
一边，口里骂道，狗日的朝廷。

东京的风很凉了，诏书依旧窃窃私语。
我终究不能，改变龙亭的秩序。
披上一袭浓雾，踏着黄河的浊浪，抱憾而去。
灯盏，追逐一骑绝尘的马尾。

2016 年 8 月 12 日，写于安徽阜阳

云南散帖

Ⅰ

做一个汉籍的土司，只要一箭之地的疆域。
于云岭腹地，圈几个山头，养一群鸟雀，傍一溪碧水。
厮守，那个自北中原一路私奔而来，细细眼睛的女人。
不封疆，不设障，大开面朝四方的寨门。

Ⅱ

抱来成堆的干草，山林里坠落的松子，铺床。
用自酿的小锅酒，把陪宿的合欢树，尽兴灌醉。

Ⅲ

与哀牢山，乌蒙山，结为背靠背取暖的兄弟。
召集流放异乡的亡灵，在“每一粒籽种内”
安放他们游荡的魂。

Ⅳ

一壶小锅酒，一块烤熟的山芋，一碟佐味的蘸水
一边落泪，一边想内地的亲人，为升入天堂的父亲

安置一个云岭的神位。

V

缅寺的香灰，经卷的气味，哀牢山里的采玉人。
埋在土里的石头，小声哭泣的孤叶
一只翅膀的蝴蝶，都是我的领地，永久的居民。
它们，像秋一样，给予我“籽种，润心，催生，浇水”。

VI

靠山，邻水，向佛，耕种山谷里几分薄地。
朵朵白云就是我放牧的羊群。
一阵风吹，一阵雨落。谷底抚琴，峰巅大醉。
睡在云朵里的鹰，抖落翅膀，降落充沛的雨水。

VII

钟声，喊醒惺忪的草籽。暮时的基诺山
不肯归家吃饭的孩子。——不是石头
不是马群，不是溪水里游来游去的鱼儿
也不是戴着花冠，凤冠霞帔的彝族少女。

VIII

“骨头很轻，血肉极软”。酥松的红土
不念逝者生前的身份，和地位。

它的怀抱，接纳所有的躯体。不肯丢弃任何一个子民。
哪怕某人曾经放火，越货。
它都给予这些灵魂走丢的人
一口薄棺，一座土堆，“草，还是最初的那根”。

Ⅸ

路，通向镇口。高黎贡山，贡丹神山，阿妮日宗姆山
都是怒江的宗亲。怒江边上的木楞房
住着几个打青稞的早婚少女。她们，早早地成为母亲。
通向镇口的公路矗立一个醒目的牌子：
禁毒。防艾滋病。念完初中，才可以去到城市里打工。

2016年8月，写于安徽阜阳

以腐叶的名义说出秋天的秘密

赶向秋天的叶子；一刻也不停留
却又缓慢地，消褪自然的绿荫。
它们，像不语的村落、民居
放下手中的农事
额头爬上愈来愈多的皱纹。
它们，渐渐泛黄，萎缩、脱水。
却又浩浩荡荡
去赶秋天的盛宴
——以腐叶的名义，说出秋天的秘密。
它们，如阴郁的僧侣
悉数肃立，写下葬于秋天的籍贯和地址。
它们愿意，为一场奢华而隆重的葬礼
启幕；更愿意来年
更谦逊地，重生于坦荡的平原
寂静的山谷，丰腴的盆地

2016 年 8 月 19 日，写于阜阳

汗血马

我想，陪你，一边哭，一边吞咽掺杂有砂砾的草料。
也荒野逐日。也大漠追风。也在不息的奔腾中
放纵沸腾的血液。与彪悍的骑手，以及他们的
刀枪剑戟，他们的甲胄、头盔、战袍
共同组成一组青铜雕塑
在大漠落日下，咆哮，嘶鸣。

似火焰，扬起百里烽烟，千里长鬃。
似闪电，划破戈壁的帷幕，沙漠的寂静。
冲锋——
冲锋——
即使倒地，也是一座静卧的山峰。

胡杨林，缄默着。
芨芨草的气息，灌满草原空旷的腹腔。

我想，牵起你的缰绳，于焉支山下
戈壁深处，踏着碎步，打着鼻息
看一轮落日，悬挂于土库曼斯坦的山顶。
在漏雨的马棚，与月一并凄凉，与夜一并寒冷。

我想，邀来出使的张骞，故地重游
两千多年前的西域。在大宛国的背影里
横穿费尔干纳盆地，潜回大漠孤烟，寻找远去的残梦。
没有车辚辚，马萧萧的长途奔袭；
没有猎猎大风，凛冽嘶鸣。

大漠深处，冲出的汗血宝马
依然迅疾，猛烈，裹挟一路尘烟。
扬起狂风般的鬃毛，仰天长啸。
悲歌，慷慨。
眼睛，冰冷。

2016 年 9 月 19 日，写于河南省获嘉县砥学府

瓦楞草

拦下路过的风，抱紧在逼仄的怀中
与倾洒的阳光絮语
一概不回避瓦沟和屋脊，竖耳倾听。

张开野生多肉的叶片
接纳每一滴天穹降落的雨水。
在腐叶和尘土下，萌芽，安家
不隐瞒卑微的出身，不低眉顺眼
看着他人的眼睛说话。

作为景天科植物，瓦楞草的学名叫瓦松
屋上无根草、向天草、石莲花、瓦塔
都是它圆锥花序穗状排列的乳名。

自春至秋，它以粉绿色或灰棕色的平静
开花，结籽，为来生留种。

它，献出塔状的肉体，清热解毒，止血敛疮
却不会听命于哀歌，也拒绝接纳黑暗后面的隐痛。

2016 年 9 月

第五辑 评论

新羁旅诗创作和羁旅诗人的流寓状态与精神诉求

——以诗人王保友的新羁旅诗创作为例

王蒙

羁旅诗通常是指人们被抛出原本属于自己的生存环境，而被移植在一个陌生的环境中所产生的不适应的心理感觉所创作的诗歌。

最早的羁旅诗发端于先秦时期的《诗经》《楚辞》，及至汉末乱世，出现或产生了众多载入国家文学史、诗歌史的羁旅诗人和羁旅诗作。时至唐代，羁旅诗成为一种成熟的文学样式和唐诗中的一个重要门类，杜甫、韦应物、李白、晏几道、白居易等的羁旅诗，在国家诗歌史中具有无可替代的地位。

在我们当下所处的时代，人口流动与迁徙因素也在持续孵化出羁旅状态下的羁旅诗人。他们是一个庞大的群体，有工业流水线上写诗的农民工，有在城市各个角落打拼、创业，具有大中专学历写诗的打工者、创业人，还有一批从体制内流动到民营企业具有文学修养的文化人，其中不乏教师、医师、工程师等白领阶层。

他们在异地、异乡工作或生活，始终处于被动的流动状态，或者主动的流动状态。或数年一变动，或一年数次变动，使得他们在辞工、辞职后的迁徙、流动足迹，遍及任何可以到达的地方——每一次流动，只带着简单行装和匆匆的步履。或喜、或怒、或哀、或乐的际遇、境地和变幻莫测的生存场域，使得他们于流寓状态里，生发出旺盛的创作欲望，表达其精神诉求，创作出具有当今时代特征的新羁旅诗。

作为河南文坛的一员宿将，王保友在事业巅峰期辞职“下海”，从公立二甲医院的高管，蜕变为民营医疗行业，穿着白大褂挂着听诊器的高级职业经理人。由豫达苏，由苏赴湘，由湘返豫，自豫入滇，出滇抵鲁，离鲁进皖，辗转于各地民营医院。可谓八千里路云和月，一江春水径自流。

他以自抛（与被抛出相对应）为始，历经9年时间穿梭于经济、文化、语言、风物各异的陌生地域，于层层叠叠的陌生环境、陌生地域中，所产生的环境、地域、气候、饮食、居所的种种不适应感，或环境地域的新鲜感——全新的心理感觉，创作出多达百余首的新羁旅诗篇——这些于后工业社会背景下的新羁旅诗，令人耳目一新，既与传统意义上的羁旅诗，具有相同相似的特质，又有着迥然不同的变异，以及新元素的注入，烙上当代新羁旅诗鲜明的烙印。

一、“周游”诸省的不懈行者——迁徙中写就现代羁旅诗篇

审视王保友的诗歌创作，可约略分为4个时间节点，一是20世纪80年代中后期步入诗坛的发声期，二是21世纪初年诗歌创作的成熟期，三是21世纪10年代羁旅诗创作的密集期，四是近两年入滇以降，羁旅诗创作的井喷期，诗歌质量得到奇崛的提升，呈现爆发状态。

王保友首先是一个任职医疗机构的高管——将近二十载的医者，其次是一个有着三十年诗龄的歌者。医之博大精深与诗的浩瀚深邃——两者的复合、叠加、杂糅，使得多年流寓状态下的王保友，“用及物的、有力道的、有心性和有质感的诉说”（杨昭语），呈现具有生命质感、生存厚度的精神诉求，身处异乡为异客的境遇里，所获得的强烈、真挚、极为精细，而又复杂、矛盾、痛苦的生命体验，饱含着新鲜、切肤的疼痛感和悲怆，间或弥漫着那份挥之不去的乡

愁。

王保友凭借其年逾半百的个人化经验，以诗的敏感触角，对世间人、事、物、象加以长镜头、微焦距的关注，打开新羁旅诗的无限“视阈”（视域）。于此而言，王保友无疑是一个“忍痛的写作者”和“不懈的行者”。

一场重大变故，使得王保友从“内心的河流出发”，出豫入滇，“通过对内心的深刻勘探，发掘出人所可能共有的情绪或体验”。在《我知道神的手不可违背》中，精微、细腻而准确地记录了他入滇前后的脉象和脉动。他在这首诗中写道：

“我知道神的手，不可违背和改变 / 因此，在众多的隐喻里，我必须逃遁 / 在唯一的路径上 // 这个世界，我能够改变的，只是自己的 / 光谱或波长，哪怕身上只留下 / 最后一根白色的蜡烛 // 而我，必须找寻一条最为适合的道路 / 哪怕，尽头是悬崖，峡谷 / 也要一路走到黑暗的尽头 // 一概不予承认，神的手，能够撕裂天空 / 垂下来的幕布，一概否认，尘埃和慢下来的步履 / 淹没于奔涌的河流”。

诗人因为“不可改变和违背”的境遇而“逃遁”，如同受伤的猎豹，在逃遁的间隙里拭去伤口的出血，于喘息中疗伤，在几乎没有更多选择的情形下，诗人十分理性，告诫自己只有“改变的，只是自己的 / 光谱或波长”。在无可选择的困境里，“必须找寻一条最为适合的道路 / 哪怕，尽头是悬崖，峡谷 / 也要一路走到黑暗的尽头”，并且抱定不屈不挠的坚韧，洒脱而自信呐喊：“一概不予承认，神的手，能够撕裂天空 / 垂下来的幕布”，“一概否认，尘埃和慢下来的步履 / 淹没于奔涌的河流”，诗人的精神诉求跃然纸上。

诗人也自诩“自富庶中原逃遁”而来，正如他在《只是一个孤寂的过客》中所描述的：

“命中，我只是一个匆匆的过客 / 偶然的时间里，造访了 / 东方三十七蛮部之一的彝族 / 罗婺部落”。

如此境遇，大抵与明惠帝朱允炆遭遇宫廷政变后，一路跌跌撞撞，远足入滇，于狮子山上隐居为僧的落魄经历颇为相似，也似手执一根竹杖，脚踏一双芒鞋，羽化脱尘，也似“东坡吟啸徐行，一蓑烟雨任平生”。也许，也恰恰正是因了这场变故的巨大推手，促成了诗人的凤凰涅槃，洞开一扇精神世界的门扉，以此为始，诗人的新羁旅诗创作发生嬗变，发出“民间的声音”。

诗人入滇之后，先后在彝族聚集地云南楚雄州武定县，古滇国属地的玉溪市等地工作和生活。他长期客居他乡，滞留他处，眼中所见，耳中所闻，心中所感，无不拍击诗人的心岸，刺激着他敏感的神经。绵绵的乡愁，客居他乡的艰难，漂泊无定之苦，都通过诗人的笔触倾诉出来。他的诗作，或借景抒情，倾诉置身异乡的外省人浓郁的情感，或关注当下世风，关注底层民生，透射世态炎凉，或寄托怀乡情思，遥念故去的父亲，惦记患病的母亲，甚至故乡老宅院里的葡萄藤、石榴树等，烙上了眷念的符号，注入了羁旅的元素。

在此期间，他所创作的这些作品，一经面世即受到诗坛和民间诗歌界的关注。《牧野》双月刊《清颍》季刊《零度诗刊》《诗导刊》《西海岸》《兰坪》等纸媒和网络博客、微信平台等电子媒体，大多以组诗形式，推出了他的诗作。组诗《与父书》刊载于《当代汉诗》杂志社在瑞士出版的《诗眼》杂志 2016 年第 3 期。《云贵中秋》获《中国诗歌报》“我的父亲母亲全国诗歌大赛”优秀作品奖。《没有任何理由地定居》获《中国诗选刊》2016 年度新诗歌奖。《流水中呐喊的生命》获第三届鲁迅短诗奖银奖、十佳诗人奖。

二、“随波”逐流的忍痛写作者——为羁旅状态的自体灵魂和疼痛疗伤

与打工者漂泊无定的际遇有着极其的相似，于民营医疗行业中拥有高层管理和话语权属，属于医院高管级别的王保友先生，也常常被集团公司总部派遣、交流，被动和非被动地流动于不同的省份、区域。

这种“随波”逐流的状态，意味着作为民营医疗行业高级职业经理人的王保友先生，要不断地接受新的挑战和动荡，承受高度的精神压力。每至一处，便需要使出全身解数，连续数月超负荷工作，于身心疲惫中换取业绩倍增和投资人所期许的高附加值的投资回报。既要向投资人负责，又要对员工负责，夹缝中的艰难，职场的倾轧，市场的凶险，创新的千波万折，良心和道德皈依或反叛，时时左右、支配着他，陷于无休止的动荡、波折和精神、思想的疼痛。忍痛是他的唯一。

于忍痛中写作，以语言的工具，刺透事物的表层和“认识”“感情”的浅层，救赎自体的灵魂，为他者的苦难、疼痛疗伤。关心灵魂在这个世界的遭遇、反映以及显现，便成为王保友先生近年来诗歌创作的主旨，令人真切感受到他“匍匐的骨，骨骼里最柔软的部分”（《骨骼里最柔软的部分》）。“一行柔软的泪水，也是一个宽阔的世界”（《是谁在敲响我独守的屋门》），也可以为自身和灵魂疗伤，就是他羁旅状态的真实写照。

他在《没有任何理由地定居》里写道：

“我更需要一条未名的溪水 / 流经心脏，就像头顶上直射的光芒 / 照射我遥望北方的中原腹地 // 我更愿意成为那么多的植物 / 叫不出名字的蔬菜 / 沿着河的堤岸，葱郁地生长 // 我将是河面上的流水 / 从远方蜿蜒而来，穿越古老的河床 / 以绵延的流速，抵达

梦的中央 // 让一朵朵盛开的黄花，成为婚礼上羞涩的嫁娘 / 每一片水光都能蔓延，都能幻化 / 葵花一样的舒张，柔水一样质地的脸庞 // 如同我从遥远的地方走来 / 没有任何理由地定居，不需要 / 谁来陪伴，皈依或殉葬。”

哪怕是：

“让老天哭得一塌糊涂，一路跟在我的身后 / 跟着我，沿着澜沧江的走向 / 继续着精神和肉体的漂流”(《只是一个孤寂的过客》)

以“随波”逐流的忍痛写作，为灵魂的疼痛疗伤的隧道一经打通，便持续蔓延到他的新羁旅诗创作中。在《以火光的忧伤》中，他说：

“八月的云南，云南的茶马古道 / 分明是在用普洱的茶香 / 为我的来生，准备了一块盛大而奢华的坟场。”

在《以火光的忧伤》里，他坦言：

“所有爱过的人儿，必将 / 以火光的忧伤，照亮我的每一处遗址 / 以及所居住过的任何一个地方”。

在任何的地方都会“依然苦荞一样 / 散发出微微的药味芳香”（《苦荞一样散发微微的药味芳香》）。

在滇中腹地“温润如玉的玉溪”（《烟草红塔山》），诗人继续着“拼命三郎”的苦旅，全身心投入工作之中，刷新九个月没有休息一天的纪录，因为：

“我的内心藏着太多的火种，我的血液 / 被烈焰烧得沸腾 // 我的心里，装着数以千计的太阳 / 它们，在我的腹腔里，排列着，闪烁着 / 告诉你们，一些不为人知的事情 // 我早已将许多卷经文，遗弃 / 在走过的路上。/ 带着肉体，回到遥远天庭 // 一切，都是冰冷的。在冰冷中 / 我领受和倾听，每株树 / 生长的声音，树叶从绿渐黄的过程 // 没有谁，可以将我带离这个世界 / 因为，我与腹腔里的火种一样 / 不会轻易地熄灭”（《内心藏着太多的火种》）。

在《玉溪的天空》中，王保友期望：

“透过鼻翼/钻进腹腔，洗涤我们的心脏”。

他借助一棵孤单的树，寄托“不觉得身份有什么卑微/更不会觉得岁月忽略了自己”（《一棵孤单的树》）的情思，并且“相信，注定该有的磷光/一定会钻出土壤，以某种飞翔的状态/把属于你的暗夜，悄悄地点亮”（《百年以后》）。

他懂得忍痛、疗伤，更懂得面对命运的坎坷，始终报以坚毅和从容：

“你在祈祷中为我打开地狱的大门/我以尖锐的翅膀为天堂疗伤//你总是在期待我以死亡的名义敲响丧钟/我穿起夜色的衣裳将死神的面庞平静地打量”（《你的天空掠过我的飞鸟》）。

即使遭遇了死神的眷顾，他也是一种极其坦然、参透的姿态，“一种放浪形骸的超然”油然而生：

“索性不要什么墓志铭或者纪念碑/只需要选择一块自己看得上的田野/坐下来终止呼吸/管他身后将是闪电雷鸣/还是和风细雨撒骨成尘”（《墓志铭或纪念碑》）。

他借物喻人，吟咏秋叶：

“还在与冬季抗衡、对峙/始终不肯就范的，肉身薄薄/挂在寒冷的高处//喊出高亢的声音/——横竖都是死亡//哪怕，多上几秒钟的固执、坚持”（《秋叶：用飞翔演绎》）。

在《许多事情》中，他笃信：

“许多事情过去了，也就算完了/没有必要，陷进去，出不来//积满暴雨的公路下面/不是沉沦，就是塌陷。”

所有的这些，都是对传统羁旅诗的继承和拓展。

三、表达精神诉求的孤独外省人——家国故园情怀与人文关注

王保友从自身的生存体验出发，以家国故园情怀，关注人文、民生为母题，创作了《缅甸与祖国接壤的边境》《云贵高原的中秋》《一棵孤单的树》《丰满的叶子花》《病室里的人》等一系列羁旅诗篇，“揭示人性中那些隐秘、细致的微妙感受，使之进入微妙的意识领域”，使得我们能够感受到他炽热的家国情怀，对故土的眷念和民生的人文关注，为社会底层芸芸众生的呼号，“给诗歌带来一种内在的张力”。

在《缅甸与祖国接壤的边境》中，写道：

“这一天，我们搬家了／从水草肥美的西双版纳，搬到荒无人烟的大甸／／——隐在缅甸佛塔的背影里／濯洗流向祖国的大水，妻子的嘴开始唠叨／我的头上，疯长思念家乡的青草／／在几近原始的丛林里，我做着手中粗糙的活计／与边境线接壤的地方，妻子想着女人的心事／／但凡忆起少时攀缘的太行，我就打摆，染上疟疾／只要梦中看到九曲黄河，妻子就会不言不语。”

这首诗里，王保友没有沿袭体制内诗人们对祖国母亲的宏大抒情和格式化的叙事，而是以极其微小的“青草”为切入点，倾吐对祖国的眷念。头上长出的青草在思念祖国，大水在流向祖国，只要一想到祖国的太行就染病，如此炽热情怀，令人潸然泪下。

在《云贵高原的中秋》里，他借助老父亲之口，以低沉之音诉说去国别土的离苦：

“你去了云南一个什么地方／那么遥远，看不到家，看不到咱们家族的墓场／莫要分心，莫要丢魂，莫要思乡。”

王保友的羁旅诗里，还有一部分眷念故土的作品，如：

“总要在火车站广场，一番茫然地张望／把一座陌生的城市，反复镂刻／试图记住它某些典型特征，以及今日初见的模样”（《到站了》）。

“只有与我厮守的女人，知道/我的心，屡屡在迁徙中受伤”（《再一次》）。

“自己，就是没有重量的蒲公英/飘到哪里，哪里，就是下一个故乡//自己，就是树冠上的绿叶/终究将全身发黄，失水/轻柔地，于坠落中独翅飞行”（《比喻》）。

在《我的身体里积满泪水》《月亮门的温度》《一株千年栽下的葡萄》《夜风下的石榴树》等怀乡诗作里，我们感受到了他的怦然心跳。在《父亲的清明》中，他期望给逝去的父亲“带去曾经属于您的一切/乘着月色赶路/不知道这样的行程，从哪儿开始/最后能在什么地方结束”。在《童年回忆：去辉县方庄煤矿拉煤》中，“家里的炉膛，需要煤的燃烧/我们家的生活，更需要温度”。在《我计算不出一滴雨的重量》里，他“计算不出一滴雨的重量/但我，能够感知它的柔软/酷夏里传递的薄荷一样的清凉//一滴雨更能显出它的顽皮/以及无法计算的重量/犹如走失的孩子，但它能够清晰地/记得祖宅的方位，家的朝向”。

在地处皖北平原的安徽阜阳市，他还写下了许多关注底层民生和“立此存照”的诗作，展现了诗人的悲悯。在《暗夜》《他骂道，狗日的电梯》《老宋仰卧在楼厦的阴影里》《不知道名字的女邻居》《陪小菊上香的返程路上》《仅仅需要一碗阳春面》《空巢》《他为自己装上一副走路的假肢》等诗作里，死于非命的外省民工，失去女儿的电梯工，仰卧在楼厦的阴影里的建筑民工，不知道名字的邻居，要我陪伴去上香的小菊，有尊严的讨饭人，失去年迈丈夫的老婆婆，安装假肢的残疾人，都成为他关注的对象。

在《我只是一只用于泡茶的杯子》中，诗人自诉：

“我更愿意冲泡，一捧碧绿的青草/几片竹叶，几粒枸杞，几颗红枣/几枚决明子之类植物的果实。”

“与清冽的甘泉为伍 / 组成一生一世，肝胆相照的兄弟 / 或者朝夕相处，相互温暖的姐妹。”

“冷过，热过，爱过，不曾恨过 / 怨过，忧过，涕过，不曾悔过 / 满着，空着，哭着，笑着 / 却不曾弃着，碎着 / 我仅仅是一只空空的杯子。”

以改革开放后打工潮为肇始的新羁旅诗创作，已经存在于当代诗坛三十余年。我们以诗人王保友先生为例，探讨当下的新羁旅诗创作现象以及羁旅诗人的流寓状态与精神诉求，以期提示新羁旅诗的存在，理应得到诗界同仁的更多关注和深度探究，于新羁旅诗、新羁旅诗人无疑都是值得和必要的。

2016 年 3 月 19 日，于南京大学仙林校区

王蒙：西南大学哲学学士、华中师范大学中国近代史研究所中国近代史硕士、南京大学中国近代史博士，研究方向为太平天国史、“文学豫军”与河南当代作家群。

本文（有删节）获 2016 年“诗探索 · 中国新诗发现奖”文学评论优秀奖。

蒲瘦羽化　苦荞芬芳

——读王保友先生诗集《骨骼里最柔软的部分》

刘林成

“自己，就是没有重量的蒲公英／飘到哪里，哪里，就是下一个故乡／自己，就是树冠上的绿叶／终究将全身发黄，失水／轻柔地，于坠落中独翅飞行”（《比喻》）。

当打开电脑，品读着一篇篇沉甸甸五味杂陈的优美诗章，在一次次感动、惊喜、摇撼与慨叹中，竟使我的内心一阵阵颤抖：“啊，兄弟呀！蒲公英，你就是一瓣幻化的蒲公英啊！”这是一个远在千里漂泊的打工者，从血液中流淌出来的文字；是从历经磨难伤痕累累的心灵中穿刺出来的文字；是从年复一年千钧重压的苦胆中挤出来的文字，又怎能不让人潸然而涕下？这就是诗人嘱我说几句话的新诗集——《骨骼里最柔软的部分》。

我与作者缘于诗文神交已久。人们常说读万卷书，走万里路，诗人可谓是忠实的践行者也。随着市场经济的大潮，他怀揣着全家的柴米油盐和太多的火种，从东到西，从南到北，从城市到乡村，从一个省到一个省，一边打工，一边创作，无论是精神还是肉体的长期漂流，反倒使他于夹缝中更增添了自己的生存厚度和生命质感。尤以《骨骼里最柔软的部分》，让人慨之慕之叹之佩之者有四：

一曰行者，八千里路云和月，沐风栉雨尽坎坷。上天给了人两只脚，生命便由此而灵动起来，做不了扎根的树，做不了盘踞的山，做不了高飞的鹰，那就走吧，做苦行僧去！

“我知道神的手，不可违背和改变 / 我必须逃遁 / 在唯一的路径上…… / 尽头是悬崖，峡谷 / 也要一路走到黑暗的尽头”（《我知道神的手不可违背》）。

他要用脚步来丈量生命的毫厘尺寸，在行走中参悟一生的扣问。向前，向前，一直向前！相伴着匍匐的肉体下那一步步朝圣之路的延展，这又何止是一叶知秋和滴水藏海般的颖悟？

二曰歌者，追索生命独心语，人生况味苦自知。生命是一个过程，活着并不是度日。若是活着就是生命，那么生命就是一样的生命。而诗人在养家糊口的漂泊中，迈动的不仅是脚步，还有精神。他将生命作为拯救生命的疗伤过程，融入自己独特的生命体验和苦苦追索，把生命诗化，把诗生命化，作为一种宗教，一种礼忏，一种救赎，以致到处找寻自己那“走失的头发”。诗人本身就来自底层，有着与底层生命共通的思想及生存体验。如《皖北的冬》《不知道名字的女邻居》《仅仅需要一碗阳春面》《他骂道，狗日的电梯》《老宋仰卧在楼厦的阴影里》等等，其对底层小人物的卑微意识、无根身份以及生存现状的思考，又无不凸显出对社会现实的反思与悲悯大爱。

三曰客者，又闻子归啼月夜，游子何时不断肠。一个人从呱呱坠地，就已经和那片土地结下了不解之缘。乡愁是母亲的期盼，是亲人的牵挂，是心底的无奈，是徘徊的忧伤。而诗人的乡愁尤其到了天命之年，更是强烈地显现出对生命极地的寻找，其乡愁更是阔大、高古与深远，更是突出地表现为寻根怀祖与文化皈依的别样乡愁。如《七十二座商朝留下的古冢》《父亲的清明》《砥学府的来龙去脉》《乡党》等：

“但凡忆起少时攀缘的太行 / 我就打摆，染上疟疾 / 只要梦中看到九曲黄河 / 妻子就会不言不语”（《缅甸与祖国接壤的边境》）。

其实，诗人总是说在打理行囊时，只带了几本翻卷了的书，而他一刻也没有放下，背着的却是整个已被幻化的家乡！

四曰医者，三十功名尘与土，万千责任担此生。古曰：“凡大医治病，必当安神定志，无欲无求，先发大悲恻隐之心，誓愿普救含灵之苦。”（唐孙思邈语）保友是诗人，更为医者，行医与作诗，是艺术而非交易，是使命而非威权。而他却能将医者与诗人合二为一，将医者情怀与审美意识相辅相成，其所开辟的医者诗意之旅，无论从精神还是肉体，亦可谓悲悯救赎之苍生大医也。

“将武定作为隐居之地，在滇中 / 继续缓慢地生长，是好多年前的想法了 / 甲午年的正月初一，我依然苦荞一样 / 散发出微微的药味芳香”（《苦荞一样散发微微的药味芳香》）。

这漂泊的蒲公英啊！被疾风裹挟着，然一旦羽化涅槃，以另一种方式轮回，又有谁能够知道，竟会散发出苦荞的药味芬芳？

远握，诗人；兄弟，珍重。

刘林成：作家、河南省新乡市人民政府原秘书长，现居河南省新乡市。

一汪车辙里的雨水

——读王保友的诗

石泉

阜阳城市周报编者按：王保友是一位旅居阜阳的诗人，现在阜阳某医院工作，他的组诗《梦回阜阳》《骨骼里最柔软的部分》分别获得了 2015 年阜阳市诗歌大奖赛一等奖、2016 首届阜阳现代诗歌精品操作大奖赛三等奖，受到阜阳文坛关注。他坚持凝练晓畅的诗写，因而赢得了不少读者。

坚持凝练晓畅的诗写

一次，偶然与王保友相聚。我对他说，“我喜欢你的诗！”那时他的诗集《骨骼里最柔软的部分》正欲出版，我问能否先睹为快，他应允，不久把诗稿就发给了我。

我每晚枕畔一首一首细读，立即感觉到他诗语里有一种柔软的东西存在，坚忍行走下的内心的一种悲悯，待读到他“匍匐的骨，骨骼里最柔软的部分”（《骨骼里最柔软的部分》）时，更意识到他诗语里那部分的柔软是他殷殷关切草木般众生的那份情怀，与我当初的感觉和想法基本吻合。

在诗集《骨骼里最柔软的部分》中，我是第一次大略地了解了王保友的生活。他曾是一名高管，辞职后便一直处于颠簸流离状态。因此，他得以接触了异域历史的遗存和不同的风物，更多地观察和感受了大地之上草芥般百姓各异的生存现实。他是名医生，救死扶伤的终极关怀和怜悯之情又使他更多地接触了值得关切的众生的病痛与冷暖。他的诗情明显地来源于大地厚土之上风雨飘摇中顽强生存的众生所给予的感动。他确要用诗的凝练与晓畅真实地写出内心丰富的情感，将独特的人生之痛之感一一切入，让读者同时真切地感受到他内心难以平复的波动。

无疑，正是王保友坚持凝练晓畅的诗写，他的诗语便做到了很好的传情达意。也因此，这使他的诗明显地区别于当下那些众多所谓诗人的作品。我想起了宋朝无名氏的一首诗："大雪洋洋下，柴米都长价，板凳当柴烧，吓得床儿怕。"这样极通俗易懂，风趣其表，无奈其里之作，也当自有情在。

博爱情怀的诗人

王保友的诗感情饱满，或内敛或直抒都能深深感染读者。在《始终，生活在外省》中，他写道："在外省，始终只拥有蒲公英的身份／／以草籽的形态，随风飘荡／飘到哪里，就在哪里安家／在哪里安家，都还是一株没有根须的草。"诗人羁旅生涯完全是不得已的选择，自身际遇便使他推己及人，因此也会对众生给予更多的冷暖关切。

在《父亲的清明》中，他写道："带去曾经属于您的一切／乘着月色赶路／不知道这样的行程，从哪儿开始／最后能在什么地方结束。"在《苦荞一样散发微微的药味芳香》中他写道："将武定作为隐居之地，在滇中／继续缓慢地生长，是好多年前的想法了／甲午年的正月初一，我依然苦荞一样／散发出微微的药味芳香。"所喻正是要说良医兼诗人的自己会像苦荞一样散发微微的药味芳香。这种"药味芳香"确是诗人要悬壶济世的自身的指代。经此，我们看到了诗人难能可贵的自觉，它是普济，是热肠。他在用医术和诗写灸治着世间的病疼与炎凉。

而作为有着博爱情怀的诗人，他无微不至关切的除了有着疾患的病人，同样更多的也在关切乞讨者、失恋者、打工者、意外事故伤害者、贫困生，以及因自己医术所限而不能医治的精神病人、肿瘤患者，等等。他对他们的关切和诗写有着自己的温度，暖人，感人。

在《课本和琅琅的读书声是崭新的》诗中他写道：“她的衣服确实破旧了一些／她的脸庞确实脏了一些／她的手里，拿着一块刚烤熟的山芋／但我看到，她的书包是干净的／课本里传来的琅琅的读书声，是崭新的／鼻子下面挂着的鼻涕，带着我的童年，微弱的体温。”贫穷在地域广博的国家，对于都市的繁华和富足往往是在想象之外，但在偏远的乡村或山野，却又是易见的许多真实。但是，在诗人无限悲悯的眼里，一切因贫穷所致老牛拉破车般透着的落后和陈旧并不可怕，只要那里尚有着琅琅的读书声就会有露珠的清晨，就会有铺展的百花竞放的广袤原野，就会给人崭新的希望！诗人的嗟叹仿佛就是在说：哦，所有的陈旧，所有的灰头土脸，当拥有了这崭新的童稚的琅琅读书声，便一切当足以欣慰，便当足以让人充满内心的感怀和激动！诗人因之想到了自已的童年，想到了“鼻子下面挂着的鼻涕，带着我的童年，微弱的体温”。

《忽然忆起几个初中时的同学》中，他写道：“如此密集的死亡，在初中同学花名册上／圈出了很多的黑框。我更知道，若干年后／他们，还将团聚在我的文字里／一一吵闹，骂娘，斗嘴／很凶地抽烟，粗糙地划拳，喝酒／一个个东倒西歪，喝醉属于他们的墓碑。”一群诗人的情同手足的同学！诗人这时忆起他们，一一叙说，一一再现，一种强烈的痛惜和强烈的不舍便压抑于心中，不抒写不足以释怀。诗人痛惜这些逝去的生命。仅这一句“一个个东倒西歪，喝醉属于他们的墓碑”，我仿若就看到了诗人的此刻的悲欣交集，泪流满面！也仅是从这一句，我就足以读出诗人对众生切切的悲悯和情怀，以及诗人诗语高度的凝练与想象的奇绝！

自觉自愿的平民诗人

王保友是自觉自愿的平民诗人。《一汪车辙里的雨水》里，他这样写道："我是降落在车辙里的一汪柔软的雨水/混浊，卑微，弱小，低温。间或还要承受/碾压而过的车轮，但我不哭，不闹，不呻吟/不流泪，不疗伤，不央求谁//不要，把我过滤，净化，加入明矾/不要，把我煮沸，盛装于透明的水杯/不要，把我虏进帝王的宫殿，出任帝王的弄臣/不要，把我献给庞然大物，被它们玩弄于掌心//请你们记住，我只愿意，保持一个草民的身份/不去重写前朝的历史。不介入，更正著述里谬误的事情/但我愿意献与人世间，自然生长的花朵//或者一岁一枯荣的绿草。"

王保友走过万水千山，阅过无数史迹，关切过草木般的众生。这种甘愿做"车辙里的一汪柔软的雨水"的思想是诗人历经千辛万苦磨砺后的醒悟。他为良医，为诗人，只愿远离被玩弄，远离无意义的重写历史；只愿一直保持如众生一样的平民状态，如"车辙里的一汪柔软的雨水"，献予人间大地的自然的花朵，以及枯荣的绿草或草民。

其实，人，生而都很卑微，诗人也不例外。但当诗人有了甘愿做一汪车辙的雨水情怀时，这样的诗人和他的诗写，谁能不肃然起敬！

原载 2016 年 11 月 24 日《阜阳城市周报》

石泉：诗人，安徽阜阳人。

羁旅：人生和诗歌的财富

应连新

第一次见到保友先生是在去年秋天，在阜阳市“祥源文旅城”杯诗歌大奖赛的颁奖会上。他当时获得了一等奖。王保友是哪位？我写诗歌三十多年了，阜阳市的诗人我基本都熟悉，从未听说过有个会写诗的王保友，而且得了一等奖。疑惑和神秘，让我对王保友的露面充满了期待。等到他上台领奖时，才发现他就坐在我的身边，年龄和我差不多，脑门大，头顶秃，和我真像亲兄弟。

从他的获奖感言中才知道，他是刚从河南省过来的，目前是阜阳骨科医院的院长。当时，发了奖就散了，也没留影，也没管饭，与保友只是点头致意，连电话也没有留。不过，对保友也算认识了，特别是看了他获奖的组诗，更是加深了对他的印象。

今年，在“溧阳白茶杯”首届阜阳现代诗歌精品创作大奖赛中，他获得三等奖。这次我们阜阳诗人齐聚太和“茶语者”茶社，品茶论诗，有了交流的机会。得知他出了好几本诗集，是河南省新乡市作家协会的副主席。以后，我们在微信里经常交流，看到他的组诗获“诗探索·中国新诗发现奖”入围奖，很是高兴。

他将即将出版的诗集《骨骼里最柔软的部分》发给我，让我给写个评论，我有点诚惶诚恐，因为我从没为诗集写过评论。但看了保友的诗，我深有感触，如鲠在喉，不吐不快，不管正确与否，还是忍不住要说几句。

一、作为羁旅诗人，保友抒发了对故乡的思念之情。

他长期在外，对家乡的父老乡亲，对故土的山山水水、一草一木充满了思念之情，每每在梦中相见。

在《所有的老太太都像是我瘦削的母亲》中：

“所有瘦骨嶙峋的老太太，都像是我瘦削的 / 只剩下 70 多市斤体重的老母亲。// 我怕突然有那么一天，那么多的瘦骨嶙峋的老太太 / 都被一阵风给吹跑了，成为冰冷的墓碑。”

在《一定要在月圆之前》中：

“一定要把母亲请到北屋的客厅坐下来 / 重重地叩拜 / 一定要让母亲亲手 / 摆好祭案，月饼，苹果，香蕉等，然后上香 / 一定要赶在月圆之前完成这些事情。”

保友是个孝子，对离开人世的父亲，对年迈瘦弱的母亲的追忆牵挂，令人动容。

“那些山还像以前的模样 / 那些生长植物的黄土还像以前那样 / 那些熟悉的山峦，河流，车辙 / 那些传向远处的钟声 / 那些走过了许多年的街道 / 那些老宅院里从屋檐上流淌下来的雨水 / 那些茂盛的石榴，葡萄，无花果，大枣树，织姐草 / 那些映在窗户上的身影和灯光 / 都是我在河南生活五十年的片段 / 那些从黄河分流的河水 / 那些干脆利索的乡音 / 那些春节拜年问候的打问 / 都被母亲的啰唆絮叨打发了”（《那些山，植物，远处的钟声》）。

对儿时的同伴，发小，同学，他一时一刻也不曾忘记。在《乡党》中：

“习惯的动作，翻到地图就拿尺子去量 / 从异地他乡到老家有多长的距离 / 习惯的行为，听到老家的乡音 / 就忍不住再三打量陌生的面庞 / 习惯的表情，看书读到老家的字眼 / 眼泪就是不绝的河流 / 日日夜夜，哗哗流淌。”

二、诗歌表现了保友羁旅生涯中安然、淡泊、宠辱不惊的人生态度。

“从一个省，到一个省。在不同身高的省份之间 / 适应不同的温度、气候。我必须 / 在不同面孔的都市、城池的缝隙里 / 感应世间不同的表情。也收藏和归档 / 许多的善良，淳朴，感恩，包容 // 从一个省，到一个省。用不同的语言 / 交流不同的心境。坐在齐鲁古国的背影里 / 与琅琊台海滨的石头耳语，忽略的 / 不仅仅是布满汗栋毛孔的冷暖，炎凉”（《九年：从一个省到一个省》）。

他认识到：

“命中，我只是一个过客。但我还是决定让老天哭得一塌糊涂，一路跟在我的身后，跟着我沿着澜沧江的走向，继续着精神和肉体的漂流。”“在外省，始终只拥有蒲公英的身份 / 只有翅膀，没有根 / 长则三两年，短则几个月 / 就蜕一层皮，就经历一季枯荣 / 就皮肤被一寸寸晒黑 // 以草籽的形态，随风飘荡 / 飘到哪里，就在哪里安家 / 在哪里安家，都还是一株没有根须的草 // 在外省，始终只是一颗星星 / 离群索居，独自散发自己永不炫目的光芒 / 以萤火虫亮度，为自己探路和照明 / 为自己取暖和挡风 / 站在高高的巅峰，用红肿的眼睛，眺望 / 北中原日渐模糊的故乡”（《始终，生活在外省》）。

保友九年之中，从一个省到另一个省，始终生活在省外，颠沛、流寓的生活，丰富了他的生活，磨炼了他的意志，也宽阔了他的胸怀，他学会了安然、淡泊和宠辱不惊。

“我更需要一条未名的溪水 / 流经心脏，就像头顶上直射的光芒 / 照射我遥望北方的中原腹地 // 我更愿意成为那么多的植物 / 叫不出名字的蔬菜 / 沿着河的堤岸，葱郁地生长 // 我将是河面上的流水 / 从远方蜿蜒而来，穿过古老的河床 / 以绵延的流速，抵达

梦的中央 // 如同我从遥远的地方走来 / 没有任何理由地定居，不需要 / 谁来陪伴，皈依或殉葬”（《没有任何理由地定居》）。

通过长期的羁旅生涯，保友对人生的意义有了深刻的认识，面对渺茫的未来，他笑看风云，变得异常坚强。

“八月的云南，云南的茶马古道 / 分明是在用普洱的茶香 / 为我的来生，准备了一块盛大而奢华的坟场 / 所有爱过的人儿，必将 / 以火光的忧伤，照亮我的每一处遗址 / 以及所居住过的任何一个地方”（《以火光的忧伤》）。

“我知道神的手，不可违背和改变 / 因此，在众多的隐喻里，我必须逃遁 / 在唯一的路径上 // 奔突，喘息，咳嗽，匍匐，疲惫地行走 / 我知道，前面的路也许很黑 / 而且没有里程碑，为我导引 / 没有一座驿站，愿意将我收留 // 这个世界，我能够改变的，只是自己的 / 光谱或波长，哪怕身上只留下 / 最后一根白色的蜡烛 // 愈来愈远的场景，记录下拉长的单薄身影 / 愈发变得模糊了 / 而我，必须找寻一条最为适合的道路 / 哪怕，尽头是悬崖，峡谷 / 也要一路走到黑暗的尽头”（《我知道神的手不可违背》）。

三、羁旅生涯中，保友以强者的姿态面对人生，用诗歌对生命的意义进行了诠释。

在《鹰的标本》中，他说：

“如果，以这样的一种方式进入永恒 / 我宁愿选择肉体的腐烂 / 让灵魂继续翱翔于湛蓝的天空 // 如果，我被束缚了搏击长空的翅膀 / 我宁愿选择死亡 / 向苍穹喊出最强的一嗓 // 如果，只能倒在卑鄙的枪弹下面 / 留下一条悲壮坠落的弧线 / 我宁愿选择天空最后一个翱翔的剪影 // 如果，我必须停止我的歌唱 / 我宁愿一头撞碎囚禁的玻璃 / 让所有的目光都为这样的瞬间垂泪终生。”

在《你的天空掠过我的飞鸟》中：

“你的天空掠过我的飞鸟 / 擦亮天空的是我的洁白羽毛 // 你在祈祷中为我打开地狱的大门 / 我以尖锐的翅膀为天堂疗伤 // 你总是在期待我以死亡的名义敲响丧钟 / 我穿起夜色的衣裳将死神的面庞平静地打量。”

在《走在没有尽头的柿子林里》中：

“但我，从来没有觉得死亡有多么残酷 / 从来没有觉得星寒，天冷。更加不会相信 / 暗夜会将苍穹彻底地吞没。”

他说，疼痛使我明白，有知觉才是美好，因此，我愿意疼痛伴随我的骨骼一寸寸地生长。

在《不管山谷里的风有没有温度》中：

“不管山谷里的风有没有温度，不管河谷里 / 有没有涨水。不管狰狞的岩石 / 是否阻挠渐行渐近的脚步 // 在陡峭的悬崖面前，向绝壁学习 / 攀登。斩断荆棘，砍出一条弯路，给出自己 / 一个正确的答案或证明书。再多的艰难 / 都不可以浇灭，心头燃烧的火焰 / 再苦的行旅，终将抵达终点。我并不畏惧 / 寒夜里的独行，不乞求谁，提供密码，帮助我的破译 // 既然，找不到拒绝的借口，或者逃避的理由 / 索性，挥动阻挡的手臂，进行顽固的防御 / 让风不敢偷袭，让狰狞的魔鬼，魂不附体。”

保友面对艰难险阻，以雄鹰搏击长空的英姿叱咤风云，对人生、对生死都有了深刻的认识，诗歌激情豪迈，气贯长虹。保友强者的形象透过诗歌，跃然纸上。看透了人生，学会了坦然，历尽了太多的飘零，总想有所安顿。

在《以腐叶的名义说出秋天的秘密》中：

“赶向秋天的叶子；一刻也不停留 / 却又缓慢地，消褪自然的绿荫 / 它们，像不语的村落、民居 / 放下手中的农事 / 额头爬上愈

来愈多的皱纹 / 它们，渐渐泛黄，萎缩、脱水 / 却又浩浩荡荡 / 去赶秋天的盛宴 /——以腐叶的名义，说出秋天的秘密 / 它们，如阴郁的僧侣 / 悉数肃立，写下葬于秋天的籍贯和地址 / 它们愿意，为一场奢华而隆重的葬礼 / 启幕；更愿意来年 / 更谦逊地，重生于坦荡的平原 / 寂静的山谷，丰腴的盆地。”

在《我只是一只用于泡茶的杯子》中：

“不必，用华丽的绸缎将我包裹 / 不必，将我盛装于奢华的锦盒，或者精致的器皿 / 以礼品的名义，去俘获权贵 // 我心甘情愿地，被放置于某个安静的角落 / 不声不语。与清冽的甘泉为伍 / 组成一生一世，肝胆相照的兄弟 / 或者朝夕相处，相互温暖的姐妹 // 冷过，热过，爱过，不曾恨过 / 怨过，忧过，涕过，不曾悔过 / 满着，空着，哭着，笑着 / 却不曾弃着，碎着。”

长期的羁旅生涯，保友累了，他想停下来，静下来，享受天伦之乐，过与世无争的生活。

《等我老了》：

“让我的孙子们，揪掉我的银白胡须 / 栽在石榴树下，浇水施肥 / 让我的女人，带领年轻的女眷 / 用屋顶青瓦上长出的苜蓿草，做下酒菜 / 除了这些，我还喜欢一些其他的事情 / 例如，我羞于说出人生的阴影。”

还有《慢到跟这个世界拉下来很长的距离》《我更愿意守着一座古旧的城堡》等都反映了保友的这种思想。“宠辱不惊，看庭前花开花落；去留无意，望天上云卷云舒”，表现了诗人对人生意义坦然、豁达的理解。

四、不论流浪到哪里，保友的悲悯之心一直是诗歌的一部分。

在《病室里的人》中：

“我爱，在病室里居住的所有的人们 / 我更不希望有了这次，还有下次再遇到他们 / 我爱，被暂时交给我处置的人们 / 爱他们的每一张面孔，财富不一的身份 / 他们的优雅，粗俗。却总会忽略和淡忘 / 他们不同的职业，不同的背景。”

表现了诗人的纯情和天真的情怀，在《他爬上医院最高的楼顶》、《忽然忆起几个初中时的同学》《皖北的冬》《空巢》《陪小菊上香的返程路上》《不知道名字的女邻居》《老宋仰卧在楼厦的阴影里》《暗夜》《谁》《他骂道，狗日的电梯》等诗里都显露了诗人悲天悯人的情怀，表现了诗人充满同情心，对底层小人物的遭遇深切关注。

五、保友的诗歌感情真挚，语言朴实而优美。

在《父亲的清明》中：

“再也没有走出那一方墓穴 ，以苍老的耳朵 / 不间断的咳嗽与我耳语 / 夜色渐渐地进入内心 / 一盏灯亮起来， 将墓穴深处照得灯火通明。”

在《百年以后》中：

“但我相信，注定该有的磷光 / 一定会钻出土壤，以某种飞翔的状态 / 把属于你的暗夜悄悄地点亮。”

《等我老了》：

“但我愿意，暴露依然新鲜的爱情 / 把火神的披风，哗啦啦地在天空里尽情展开 / 让心情，长出更多的绿叶 / 让暮年，多出几盏摇曳的黄灯。”

“我更愿意，于五月与你抱肩 / 站成《一棵想家的槐树》/ 用北太行山岩石的缄默 / 开一树属于牧野大地的洁白槐花 / 弥漫咱们老哥们，自己的清香”（《说走就走》）。

“东京的风很凉了/诏书依旧窃窃私语/我终究不能，改变龙亭的秩序/披上一袭浓雾，踏着黄河的浊浪，抱憾而去/灯盏，追逐一骑绝尘的马尾。”

通过保友的诗歌，我读懂了他。他带着我，从一个省到另一个省，在颠沛流离的生活中，他让我读懂了：他思念故乡，他思念父母和朋友；他对生活在底层的小人物充满了关爱和同情；他像鹰一样搏击风雨，他宁愿选择肉体的腐烂，让灵魂继续翱翔于湛蓝的天空；他不相信暗夜会将苍穹彻底地吞没，他愿意疼痛伴随骨骼一寸寸地生长。他愿意开一树属于牧野大地的洁白槐花，弥漫咱们老哥们自己的清香……淡淡，素雅，而且不看谁的脸色，不为物欲所动；他是降落在车辙里的一汪柔软的雨水，混浊，卑微，弱小，低温。间或还要承受碾压而过的车轮，但他不哭不闹，不呻吟，不流泪，不疗伤，不央求谁。他愿意与清冽的甘泉为伍，组成一生一世肝胆相照的兄弟，或者朝夕相处相互温暖的姐妹；他把火神的披风，哗啦啦地在天空里尽情展开，让心情，长出更多的绿叶，让暮年，多出几盏摇曳的黄灯。

保友用优美的诗歌给我上了一堂生动的人生课，让我陪他一起羁旅，一起流浪，一起成长。

感谢保友！

2016 年 10 月 3 日

应连新：诗人，安徽阜阳人，阜阳市文联《清颍》大型文学双月刊编辑部副主任。

苦荞一样散发药味的芳香

——王保友诗歌创作网络研讨会发言摘要

2016年国庆节前后，北京、安徽、江苏、陕西、河南等地的近十位作家、诗人，通过网络、微信平台对王保友2014年以来的诗歌创作，以及王保友最新完成的自选诗集《骨骼里最柔软的部分》中的诗作，进行了较为集中的研讨。

周瑟瑟：小说家，诗人，文化评论人，中国作家协会会员。曾任多家媒体主编。现为电视制作人，纪录片导演。主要著作有诗集6部，长篇小说5部，电视连续剧《中国兄弟连》等500多万字。作品收入国内外一百多家选本，其长篇小说多次进入文学图书排行榜。

王保友的诗歌语言有中药一样的成色，生命意识的博大，个体情感的温良，向内纵深的表达触碰到了精神的高度，这是典型的中国本土诗歌。一些诗篇来自于他的家族史，他站在生活现场，关注与自身命运相关的部分，他还写出了他作为一个医生对生命的感受。从诗集《骨骼里最柔软的部分》我读到了他“内心藏着太多的火种”。他的诗是在大地上行走的结果，他题材广泛，在不同地域转换，诗也在历史与自然之间穿梭，如同古代行吟诗人，但他终归面向内心的“火种”。我从王保友的诗里看到了火种与灰烬，也感到了忧伤与温暖。他试图在语言与意象、情感与信仰、历史与自然的同构中找到属于他的诗学。

丁友星：诗人、评论家，中国文艺评论家协会会员、安徽省作家协会理事、阜阳市文艺评论家协会主席。

2016年7月举办的“溧阳白茶杯”首届阜阳市现代诗歌精品创作大奖赛，是在阜阳市文学崛起要求的前提下举行的，为阜阳诗歌乃至于文学的全面发展开启了崭新的一页。大赛中涌现出刘三石、王法艇、张抱岩、王保友等一批有实力、有潜力的优秀诗人，让我们看到了阜阳诗歌的希望，真的是“轰隆隆亮相”且出手不凡。

我业余读诗、写诗20年，一直高度关注本土诗歌创作与诗人成长的动态。现代性一直是阜阳诗歌的短板，很多诗人即使身在现代社会，但却仍然囿于传统的创作模式。更多的诗歌作品还在传统的创作理念中艰难挣扎，还没有真正找到现代性的出口，王保友等人的诗歌则体现了很好的现代性。

王保友的“溧阳白茶杯”获奖组诗《羁旅》多达23首。他以一个旅人的目光，缜密、细致的观察、体悟，用美丽的诗歌语言，记录下自己的旅途收获，既上下连贯，又左右呼应，分开来看，也是首首精致。

1980年代末，在阜阳召开的全国乡土诗歌创作研讨暨淮河笔会上，诗人流沙河先生给阜阳留下了一句殷殷勉励，他说：“颍河是一条诗性的河流，颍河两岸应该出史诗。”应他老人家这句美好的祝福，让我们一起期待，愿阜阳这片生我们、养我们的土地，生长出更多的优秀诗人，写出更好更美的诗歌作品。

应连新：诗人，安徽阜阳人，《清颍》大型文学双月刊编辑部副主任。

王保友出生于1964年，已出版三部诗集，原在河南工作，于2015年6月来到阜阳。

在2015年阜阳市委宣传部、市文联、阜阳日报社联合举办的“祥源文旅城杯”阜阳市诗歌大赛中，王保友以组诗20余首获得一等奖。在2016年7月阜阳市文联举办的“溧阳白茶杯”首届阜阳市现代诗歌精品创作大奖赛中，他再次获奖。

他的诗大气、质朴，题材广泛，感情真挚，富有感染力。他的获奖组诗《羁旅》是一次心灵的旅游。

在《致云岭》中，他“挣脱索绳和囚禁，逃出藩篱。/一脚深，一脚浅，一路咳血/踉踉跄跄，落魄于云岭深处”。在《走在没有尽头的柿子林里》中，他“目睹柿子树上的柿果，自高处坠落/同样也是我的曾经，我的轨迹和结局。//但我，从来没有觉得死亡有多么残酷/从来没有觉得星寒，天冷。更加不会相信/暗夜会将苍穹彻底地吞没”。表现了诗人的纯情和天真的情怀。在《暗夜》《谁》《他骂道，狗日的电梯》……诗人悲天悯人的情怀显露了出来，诗人充满了同情心，对底层小人物的遭遇表示了深切的关注。

董卫华：诗人，安徽阜阳人。

与诗人王保友先生初识，是在阜阳市文联、市作家协会2016年举办的首届阜阳市现代诗歌精品创作大奖赛的颁奖间隙，通过寥寥数语的交谈，便被他身上浓郁的诗人气质所深深吸引。及至读到先生的诗集《骨骼里最柔软的部分》，深感每首诗都折射出了诗人的智慧，在下的生活状态，生命乖蹇的履迹。尤其是读到那些以往没有接触过的词句，我的惊讶难以言表。若是无缘与保友先生相识，也许我一生都会错过这些星星般闪烁的精神食粮。

当今诗坛的诗歌创作，窃以为可分为写诗和玩诗两种。很多玩诗的人，在炮制口水诗，推崇“无难度写作”、格调低下的“下半身写作”，以及“不中不西、不古不今，远离大众生活”的伪诗、劣诗，或以几句华丽辞藻堆积成行，或将散文分行名曰新诗，不一而足。保友先生的诗，则以生命为诗，泣血吟哦，借助他经年远离故乡，辗转诸省的颠沛履历，凭借其疏异的诗歌才能，体现着创造力中一种永恒的律动——用想象力观察世界，甚至更令人激动地，用幻象经验来触摸世界。可以说，保友先生是一个真正用心用生命写诗的真诗人。

一首诗是一首歌、一滴血、一个情结，无数的歌、无数滴血、无数的情，便构成生命不息的质量和长度。保友先生的羁旅诗，呈现给我们的是流露真情的诗，达到教育和自我教育，净化心灵的诗。每至一地，他都不会忘怀昔日故亲、友朋亘古不变的友谊，舒缓追忆昔日年华。每每穿行于大山、旷野、幽谷，则以诗行绣出秀丽景致，抒发源自内心的感慨，与读者共享天地赐予精神感官的佳肴珍馐。他的诗歌体现出的浓烈的人文关怀，正是每个优秀文人应具备的最基本的文化品质。

我以为，保友先生诗歌的第一个关键词是“思考”，第二个关键词是“回忆”。用心披阅他的羁旅诗，能够获得一种超然物外的清新感；获得一种置身逆境、频遭乖蹇而不辍，毕力向上的精神力量，一种对生活、生命的美丽回忆和向往；获得一种痛苦、忧伤和沉重中的觉醒、思考，一种对身心、思想的放松和灵魂的解脱。

记得一位外国作家说过：“诗歌是想象和激情的语言，它与任何能使人的心灵感到快乐或痛苦的事物有关……”鉴于此，保友先生的诗歌创作镜像，不乏人生道路上的种种烦恼、忧伤、快乐，美好情思的向往，生命的沉重、坦荡，但更多的是人生与思想的厚度，在抒情中思考生命，以警醒和打动更多的人。把每一首诗都写成诗，把每一行都写成诗。

袁枚在《随园诗话》中论述："其言动心，其色夺目，其味适口，其音悦耳，便是佳诗。"现代著名诗人艾青老人又说过："一首诗的胜利，不仅是它所表现的思想的胜利，同时也是它的美学的胜利。"以此艺术标准衡量保友先生的羁旅诗创作，我为自己的创作深感汗颜，更觉珍惜生命，更觉未来路上应加倍的勤奋和努力。

我们每人都是这长河中一朵洁白的浪花。他比现代诗人不少无病呻吟的诗歌要高明许多了。相信在以后的诗歌创作中，他会逐步追求改进渐进最佳境界。

祝贺保友先生的诗歌创作成就，祝愿其诗歌创作继续取得丰硕的成果。

朱龙蛟：作家，陕西省地方电力（集团）有限公司新闻中心主任兼总编辑。

保友兄弟经年累月在文学艺苑勤奋耕耘，并取得赫赫硕果，为兄十分钦佩。保友的执着与坚守，深深感动着我，令我倍觉文学的神圣、人生美好，向兄弟致敬。

因老是出差与开会，倥偬中拜读了保友诗集《骨骼里最柔软的部分》中的部分佳作，深深感慨他洞察万象的澎湃诗才。大作写得很好，南京大学王蒙博士对保友兄弟的诗歌创作写的诗评，极其隽永与有深度。

雪玲珑：诗人，居江苏省江阴市。

王保友先生——一个在生命与灵魂中游弋自如的当代豫籍作家、诗人，一个穿着白大褂，手拿钢笔勤奋耕耘的医院掌舵人，一个胸怀慈悲，用心生活的兄长。

彩云之南的广袤大地，赋予他诗人的灵气。他的文字干净，漂亮，以羁旅的状态，一步步丈量着心中对红土地的深情厚爱。读他的诗，一行行，一字字，都是风景，都是心情。

在美丽的海滨城市青岛，在富饶的颍淮腹地阜阳，先生一次次地用医者特有的悲悯，用心记录一个个有血有肉的生命个体，庄重，悲伤，让人莫名地敬畏这因果轮回的世间。是的，好的文字总是让人看见正义的力量。

在昏黄的台灯下，每每捧上一杯馥郁芬芳的绿茶，先生的文字一个个落在了这滚烫的茶水里，一并喝下。

人心浮躁的岁月里，感恩先生带给了我们这片宁静美好。祝愿先生一如既往的认真生活，工作进步。

史德祥：诗人，原河南省新乡市计生委副主任，居河南省新乡市。

我与保友君是相知相交十余年的诗友。在他 2008 年出版诗集《一个人的抵达或行走》时，我曾写过一篇《独行者的歌吟》的诗评。时隔 8 年，读到他即将出版的诗集《骨骼里最柔软的部分》，顿觉眼前一亮，诗意的表达与语言的自在尤可称道。

保友君的诗作，是以敬畏抒写自身宿命，以苦难和困顿为生命的酵母，解剖自己，质朴、坚定、感人，“见血，见肉，见骨，见肝胆，见灵魂，充满痛感”，作品及我及物及当下，确属忠于内心、撕裂灵魂、坦荡如斯的诗。

他俨然如骑着一匹豁达、孑然的瘦马，清醒、自在、丰满地行走在诗歌道路上。

后记

王保友

2008年初，我离开豫北中原获嘉古城的公立医院，成为民营医疗机构的高级职业经理人，常常被动和非被动地流动于不同的省份或区域。

9年来，我先后应邀出任江苏、湖南、云南、山东、安徽、贵州等地的民营医疗集团董事长助理、董事长特别助理，民营医院行政院长、业务院长、院长、总经理等职。

每个人都有自己的故乡，一旦离开，无论天涯海角，无论世事沧桑，无论显达穷厄，“此夜曲中闻折柳，何人不起故园情”的慨叹，都会始终伴随。

身居异乡为异客的独特感受，外省别样的山水浸润，异域迥异的环境侵蚀，颠沛、留寓的生存状态，动荡、波折的救赎与疗伤，无不触发、刺激敏感的神经，使得我于炼狱中完成凤凰涅槃的嬗变，脱胎换骨的重生，尤其是2014年以来，寄居滇、鲁、皖期间，似乎豁然悟出诗歌真谛，爆发出蓬勃的诗情，有了诗风、诗艺、诗技、诗想的纯度与质量。

《骨骼里最柔软的部分》是我结集的第四部诗集，收录了2014年至2016年客居外省期间，写下的百余首诗作，洒下的是一路走来的漂泊、忧伤，小憩时的歌吟，思念故乡、亲人的那份缱绻，流寓外省的生命状态。

李明月女士写诗画画、素食参禅，在诗坛、画苑、禅林等享有盛誉，出版有《每个人都是一盏灯》《每件事都是一扇窗》《智慧的锦囊》《幸福的妙方》《美丽心机》《图说养生经典》等文图绘本，慷慨应允为本诗集提供禅画插图。

在京的小说家、诗人、文化评论人周瑟瑟先生，就本诗集的篇目编选、书名拟就、出版等诸多事宜，不吝赐教，谨此谢忱。

感谢为序作评的评论家、作家、诗人。

王保友

2016 年 10 月 2 日

初稿于安徽省阜阳市中南大道 311 号煜林公寓 2 号楼 1 单元 503 室。

图书在版编目（CIP）数据

骨骼里最柔软的部分 / 王保友著. -- 南昌：百花洲文艺出版社, 2017.5
ISBN 978-7-5500-2225-6

Ⅰ. ①骨… Ⅱ. ①王… Ⅲ. ①诗集—中国—当代
Ⅳ. ①I227

中国版本图书馆CIP数据核字(2017)第094536号

骨骼里最柔软的部分
王保友　著

出 版 人　姚雪雪
责任编辑　黎紫薇
策　　划　周瑟瑟
装帧设计　九歌传媒（深圳）　蒋武智
插　　图　李明月
出 版 者　百花洲文艺出版社
社　　址　南昌市红谷滩新区世贸路898号博能中心一期A座20楼
电　　话　0791-86895108（发行热线）0791-86894790（编辑热线）
邮　　编　330038
经　　销　全国新华书店
印　　刷　深圳市德信美印刷有限公司
开　　本　889毫米×1194毫米　1/32
印　　张　6.25
版　　次　2017年5月第1版第1次印刷
行　　数　4200行
书　　号　ISBN 978-7-5500-2225-6
定　　价　28.00元

赣版权登字　05-2017-162

网　　址　http://www.bhzwy.com
图书若有印装错误，影响阅读，可向承印厂联系调换